Histórias Singulares que Inspiram

vol. 3

coordenação editorial

Histórias Singulares que Inspiram

vol. 3

© **LITERARE BOOKS INTERNATIONAL LTDA, 2024.**
Todos os direitos desta edição são reservados à Literare Books International Ltda.

PRESIDENTE
Mauricio Sita

VICE-PRESIDENTE
Alessandra Ksenhuck

DIRETORA EXECUTIVA
Julyana Rosa

DIRETORA COMERCIAL
Claudia Pires

DIRETORA DE PROJETOS
Gleide Santos

EDITOR
Enrico Giglio de Oliveira

EDITOR JÚNIOR
Luis Gustavo da Silva Barboza

REVISORES
Ivani Rezende e Sérgio Nascimento

ASSISTENTE EDITORIAL
Felipe de Camargo Benedito

DESIGN EDITORIAL
Lucas Yamauchi

CAPA
Lab Studio Digital e Thiago Vermelho

IMPRESSÃO
Gráfica Paym

Dados Internacionais de Catalogação na Publicação (CIP)
(eDOC BRASIL, Belo Horizonte/MG)

H673　Histórias singulares que inspiram: vol. 3 / Coordenadora Kelly
　　　　Singularidade. – São Paulo, SP: Literare Books International,
　　　　2024.
　　　　152 p. : 14 x 21 cm

　　　　Inclui bibliografia
　　　　ISBN 978-65-5922-761-7

　　　　1. Literatura brasileira – Crônicas. 2. Superação. I. Singularidade,
　　　Kelly.
　　　　　　　　　　　　　　　　　　　　　　　　　　CDD B869.3

Elaborado por Mauricio Amormino Júnior – CRB6/2422

FSC
www.fsc.org
MISTO
Papel produzido
a partir de
fontes responsáveis
FSC® C133282

LITERARE BOOKS INTERNATIONAL LTDA.
Rua Alameda dos Guatás, 102
Vila da Saúde — São Paulo, SP. CEP 04053-040 | +55 11 2659-0968
www.literarebooks.com.br | contato@literarebooks.com.br

Os conteúdos aqui publicados são da inteira responsabilidade de seus autores. A Literare Books International não se responsabiliza por esses conteúdos nem por ações que advenham deles. As opiniões emitidas pelos autores são de sua total responsabilidade e não representam a opinião da Literare Books International, de seus gestores ou dos coordenadores editoriais da obra.

SUMÁRIO

7 PREFÁCIO
Marcel Roxo

9 MENSAGEM AO LEITOR
Kelly Singularidade

11 AGRADECIMENTOS
Kelly Singularidade

13 OS NEGÓCIOS NÃO SÃO APENAS SOBRE LUCRO, SÃO SOBRE FAZER A DIFERENÇA NA VIDA DAS PESSOAS
Ismael Cazer

25 MINHA MISSÃO É DAR VOZ AOS EMPREENDEDORES PELO BRASIL E OUTROS PAÍSES
Elaine Julião

35 A CEREJA DO CARECA
Isabela Careca

43 VISTA SUA MELHOR VERSÃO
Ana Costa

53 CEO DE PESSOAS
Marcelo Costa

65 LAÇOS E SONHOS DE SÁ
Cleusa de Sá

77 ALÉM DO FOCO
Gal Brandão

85 ALÉM DOS NÚMEROS: A JORNADA INSPIRADORA DE UM LÍDER
VISIONÁRIO NOS MERCADOS FINANCEIRO E AUTOMOTIVO
Cassiano Pinheiro

101 A COLECIONADORA DE HISTÓRIAS
Cristiane Vaz

109 A ESCOLHIDA
Lane Oliveira

119 TUDO SOBREAMENTE
Maria Boêmia

131 AÇÃO-REAÇÃO
Ana Clara Rodrigues

139 TRILHANDO CAMINHOS: A HISTÓRIA POR TRÁS DA VIDA
Pâmela Rocha

149 POSFÁCIO
Anderson Pinheiro

PREFÁCIO

Todos nós temos histórias que nos conectam. Foi assim que minha história se cruzou com a da Kelly. Nós nos conhecemos em um evento da nossa amiga, Elaine. Eu estava lá para conversar com os convidados; logo depois, seria a vez de Kelly falar.

Enquanto eu falava, notei Kelly me observando atentamente. Aquilo me deixou um pouco nervoso, pensando se estava dizendo algo errado. Mas não, Kelly estava apenas muito interessada no que eu dizia.

Quando chegou sua hora de falar, ela surpreendeu a todos. Mudou o que ia dizer porque minha fala a inspirou. E aí descobrimos algo incrível: a história dela tinha uma ligação com a minha vida, por uma experiência que ela teve com o meu irmão, Joel Jota. Depois disso, finalmente conversamos de verdade. Aprendi muito sobre uma mulher incrível, forte, que não desiste e que transforma vidas.

Conhecer Kelly foi uma revelação. Ela é o tipo de pessoa que ilumina a sala com sua força e sua determinação. Suas lutas e vitórias nos mostram que não importa o tamanho do desafio, sempre há um caminho para superá-lo. Ela não apenas enfrentou dificuldades, ela as transformou em degraus para alcançar voos incríveis.

Este livro que você tem em mãos é uma coleção de histórias como a dela. São relatos de pessoas reais que, como você e eu, tiveram seus momentos de dúvida e medo. Mas o que as torna especiais é a maneira como superaram esses obstáculos. Cada capítulo revela uma nova jornada de coragem e autodescoberta.

Você vai conhecer pessoas que, apesar de todas as dificuldades, não desistiram. Elas encontraram forças onde menos esperavam e seguiram seus sonhos, transformando suas vidas e a vida das pessoas ao seu redor. São histórias que nos ensinam, nos motivam e nos lembram do poder da resiliência humana.

Acredito, profundamente, que grandes lições vêm das experiências dos outros. Ao compartilhar suas histórias, essas pessoas nos oferecem uma rica fonte de inspiração e sabedoria. Elas nos mostram que não importa nossa situação, sempre há esperança e a possibilidade de um futuro brilhante.

Ao virar cada página, espero que você encontre pedaços de si mesmo nas histórias dessas pessoas incríveis. Que as jornadas inspirem você a buscar seus próprios sonhos e a enfrentar os desafios da vida com uma nova perspectiva.

Desejo a você uma leitura envolvente e transformadora. Que este livro seja um companheiro em sua própria jornada de crescimento e descoberta.

Boa leitura!

Marcel Roxo

MENSAGEM AO LEITOR

Sinto-me feliz e orgulhosa sendo coordenadora editorial do livro *Histórias singulares que inspiram vol. 3*. Este projeto não é apenas uma realização pessoal, mas a concretização de um sonho ardente que sempre carreguei: transformar vidas por meio de histórias reais.

Cada página deste livro é um testemunho do poder das experiências vividas por escritores que se dispuseram a compartilhar não apenas suas trajetórias, mas também as ferramentas que os impulsionaram a agir na busca de seus sonhos. Resiliência, determinação, disciplina, foco, força e fé foram os instrumentos que moldaram cada narrativa, e é emocionante ver como, de maneiras singulares, cada autor perseverou sem desistir.

A busca pelo sucesso, em qualquer âmbito da vida, é o fio condutor que conecta estas histórias. Somos seres singulares, dotados de uma essência única, princípios e valores que jamais devem ser negociados. Acredito, firmemente, que o bem sempre vence e encorajo todos a continuarem fazendo a coisa certa, pois, no devido tempo, a recompensa virá.

Este livro é um convite para revelar sua singularidade, para abraçar sua essência e para confiar no caminho que está percorrendo.

Desejo, sinceramente, que cada leitor encontre, nas páginas deste livro, mensagens e *insights* capazes de elevar a autoestima, ampliar o autoconhecimento e fortalecer a autoconfiança. Que esta obra seja uma fonte constante de inspiração, guiando cada leitor em sua jornada pela busca do sucesso.

Que *Histórias singulares que inspiram vol. 3* seja um catalisador de transformações positivas em sua vida. Que cada palavra escrita aqui seja um lembrete de que você é capaz de superar desafios e alcançar seus objetivos. Desejo a todos muito sucesso nesta jornada. Acredite na sua singularidade e revele, ao mundo, a força que existe dentro de você.

Kelly Singularidade

AGRADECIMENTOS

Querido Marcel Roxo,

É com imensa gratidão e emoção que dirijo estas palavras a você, meu estimado prefaciador, para expressar minha profunda apreciação por sua contribuição significativa em nosso livro, *Histórias singulares que inspiram vol. 3*.

Seu prefácio não apenas introduz os leitores ao conteúdo, mas também tece uma narrativa adicional de inspiração e significado, enriquecendo a experiência do leitor desde o primeiro momento.

Agradeço por sua generosidade ao dedicar tempo e talento para analisar e compreender as nuances das histórias compartilhadas por nossos autores. Sua sensibilidade e perspicácia foram fundamentais para destacar os pontos cruciais que tornam este livro verdadeiramente especial.

Além disso, agradeço pela parceria calorosa e pela forma como você, com sua maestria, incorporou o espírito singular do projeto em suas palavras. Seu texto não apenas enaltece as histórias individuais, mas também contribui para a mensagem coletiva de resiliência, determinação e sucesso.

Com profunda gratidão,

Kelly Singularidade

Querido Anderson Pinheiro,

É com grande alegria e profunda gratidão que dedico estas palavras a você, nosso posfaciador extraordinário, em reconhecimento à sua contribuição vital para este livro, *Histórias singulares que inspiram vol. 3*.

Sua habilidade de oferecer *insights* valiosos e reflexões impactantes ao término desta jornada literária é verdadeiramente notável. Seu posfácio não apenas encerra o livro, mas eleva a experiência do leitor, proporcionando uma conclusão poderosa e inspiradora.

Agradeço, sinceramente, por sua dedicação em compreender a essência de cada história e por articular de maneira brilhante os temas centrais que permeiam todo o livro. Sua capacidade de contextualizar e ampliar a mensagem coletiva de resiliência, determinação e fé é inestimável.

Suas palavras não apenas encerram apropriadamente o projeto, mas também deixam uma impressão duradoura em todos que têm a honra de conviver com você. Estou verdadeiramente grata por ter contado com sua sabedoria e seu talento nesta jornada.

Obrigado por emprestar sua voz única e impactante a *Histórias singulares que inspiram vol. 3*.

Com profunda gratidão,

Kelly Singularidade

01

OS NEGÓCIOS NÃO SÃO APENAS SOBRE LUCRO, SÃO SOBRE FAZER A DIFERENÇA NA VIDA DAS PESSOAS

Nascido na cidade de Bento Gonçalves, interior do Rio Grande do Sul, em 2 de maio de 1980, irmão mais velho e primeiro neto de um total de 18. Como filho de agricultores, aprendi, desde cedo, valores sólidos, como respeito, honestidade e responsabilidade. Minha infância, embora simples, foi moldada por lições inestimáveis que carrego comigo até hoje e que moldaram meu caráter. Sempre fui muito inquieto e cheio de energia, ansiando por mais.

ISMAEL CAZER

Ismael Cazer

Pai da Gisele, Davi e Cataria, marido da Kátia. Empreendedor serial, investidor multissetorial. Formado em Análise e Desenvolvimento de Sistemas, possui mais de 20 anos de experiência na área de tecnologia, sendo cofundador de duas *startups*, que fizeram M&A com *exit* acima de nove dígitos, passou por todos os níveis desde operação até a estratégia dos negócios. Especialista em negócios escaláveis, atuou em diversas áreas da gestão dos negócios, formando equipes de alta performance e forte cultura organizacional. As empresas que ajudou a criar já ajudaram mais de 250 mil empresas e impactaram mais de 2 milhões de pessoas, direta e indiretamente. Sua missão é criar soluções de tecnologia que facilite a rotina e o dia a dia dos empreendedores, tornando a jornada e os processos mais simples e leves. Recentemente, deu um novo passo na carreira: deixou a operação de uma das *startups* que criou para embarcar em uma jornada de desenvolvimento de novas soluções. Sua motivação é criar disrupção no empreendedorismo e deixar um legado de transformação.

Depois de ler o capítulo, se você entender que é possível ajudá-lo ou agregar em algo e quiser contatar o autor, fique à vontade.

Contatos
ismaelcazer@gmail.com
Instagram: @ismaelcazer
Facebook: Ismael Cazer
LinkedIn: Ismael Cazer

A infância

Fui uma pessoa simples, assim como minha família. O fato de eu crescer no interior teve seus benefícios, como almoços e jantares com toda a família à mesa. Confesso que, nesses momentos, tive lições inestimáveis que ajudaram a moldar quem sou. Por outro lado, tem suas dificuldades, tudo é longe. Eu precisava andar cerca de três quilômetros para ir e voltar da escola todos os dias. Não tenho uma história de superação, ou da criança pobre que venceu; pelo contrário, hoje entendo que fui privilegiado, pois o que deveria ser a realidade da maioria das famílias, somente a minoria tem.

Desde pequeno, sempre fui muito criativo e tinha um grande entusiasmo em construir os próprios brinquedos, não por não ter condições de comprar, mas pelo fato de gostar de aprender. Essa brincadeira tomava dias, horas, semanas, até meses. Encontrar os materiais, as ferramentas e todos os recursos necessários exige explorar os ambientes, as possibilidades, testar as várias formas de fazer até chegar ao resultado.

Por volta dos meus 12 anos, o que era tudo tranquilo começou a ganhar seus dias nebulosos. Meu avô paterno teve um AVC e ficou, de certa forma, debilitado. Com isso, meu pai adquiriu um vício com o qual conviveu até o fim de sua vida: o alcoolismo. A família começou a desmoronar, tudo foi ficando cada vez pior e mais difícil. Hoje, escrevendo isso, minha compreensão é totalmente diferente e entendo melhor, e com mais clareza.

O início da carreira

Comecei a trabalhar desde cedo, por volta dos 12 anos, montando caixas de vinhos. Com 14 anos, comecei a trabalhar em indústrias moveleiras. Nessa época, trabalhava durante o dia e estudava à noite. Saía de casa cedo, por volta das 6 horas da manhã, e retornava depois das 22h.

Por volta dos 15 anos, busquei um novo desafio. O sonho de muitos meninos brasileiros: ser jogador de futebol. Não era nada fácil conciliar trabalho, treino, escola e jogos ainda. Aos 17 anos, passei a me dedicar somente ao futebol, ganhando uma pequena ajuda de custos, dormindo em alojamentos que ficavam embaixo das arquibancadas do estádio. Frio e distância da família foram grandes desafios dessa época.

Entre os 18 e 19 anos, decidi largar o futebol "profissional" e seguir outro caminho, visto que, atuando em campeonatos amadores de futebol, eu conseguia um "salário" muito melhor e ainda poderia ter um trabalho formal durante a semana. A decisão foi lógica. Assim, consegui custear a minha graduação em Análise e Processamento de Dados; confesso que não foi uma decisão fácil.

Em 1999, fui recrutado para servir o exército. O fato de eu já ter bons conhecimentos em tecnologia me abriu portas que possibilitaram, inclusive, desenvolver e aprender cada vez mais. Nessa mesma época, meu avô, que menciono aqui no início da história, sofreu um novo AVC e, dessa vez, ficou muito mais debilitado, necessitando de auxílio da família para praticamente tudo. Nesse momento, abracei a missão de ajudá-lo; posso dizer que foi um dos momentos em que mais aprendi durante toda a minha vida, servindo e ajudando outra pessoa.

A geração internet

Depois de sair do exército, fui chamado por um dos meus professores da universidade para trabalhar com desenvolvimento de software. Pude participar de inúmeros projetos que, literalmente, alavancaram minha carreira e conhecimentos. Nesse momento, tive a percepção de que a internet e os negócios na área de tecnologia seriam o futuro.

A grande chave da virada

Dentro da minha trajetória, existem algumas chaves, ou pontos-chaves, e um deles ocorreu em 1º de abril de 2004, com o lançamento do G-mail, o serviço de e-mail do Google, totalmente on-line. Esse evento foi um divisor de águas, me fez perceber que o futuro estava no mundo on-line, mostrando que o futuro dos produtos seria on-line, o que chamamos hoje de "nuvem". Juntando isso e o conceito de Saas (*Software as a Service*), ou seja, software como assinatura, surgiu nos anos 2000 a ideia de transformar o que já fazíamos.

Naquele momento, entendi que havia uma grande lacuna a ser preenchida, que era uma oportunidade de ouro para ajudar os pequenos empreendedores que, muitas vezes, eram deixados de lado por grandes empresas. Não existiam *softwares* focados em pequenas empresas por eles serem caros e difíceis de usar.

Nesse momento e com o propósito de ajudar os pequenos negócios, nasceu o projeto de criar o primeiro *software* de gestão on-line totalmente brasileiro no modelo SaaS, que foi chamado de "Bling". O objetivo era entregar algo que realmente fizesse a diferença no dia a dia do pequeno empreendedor, algo que pudesse, de fato, salvar seus negócios.

A jornada

Durante a jornada, passamos por inúmeros desafios e dificuldades das mais diversos. Em meados de 2008, foi lançada o que seria a versão on-line do produto, depois de protótipos fracassados e horas de trabalho literalmente jogadas no lixo, mas que serviram de aprendizado. Tivemos que conciliar o lançamento de um novo produto com manter os produtos e serviços que até então sustentavam a empresa.

Durante a trajetória, alguns pontos merecem ser destacados, um deles é que fomos descaradamente copiados por outro software, que copiou até nossos erros de escrita nas telas. Mais tarde, tivemos o entendimento de que o fato de ser copiado mostrava que o caminho que estávamos era o correto também ajudou a difundir o tipo de negócio, abrir mercado e popularizar o modelo que até então era novidade.

Quando tudo parecia andar e estar começando a dar certo e novo negócio ganhar tração, veio um baque, eis que ocorreu um problema societário, o que me fez sair da empresa com outros sócios e iniciar um nova empresa, a Tiny. Isso já era no ano de 2012.

Nesse momento, entendi que a empresa não podia me pagar salário e tive que optar por trabalhar um período de seis horas em outro negócio para me sustentar e dedicar o restante do tempo, inclusive as noites e finais de semana, à nova empresa.

Em meio à turbulência do trabalho no final de 2011, conheci a pessoa que depois veio a se tornar minha esposa, mostrando que, mesmo em momentos ruins, temos que estar atentos às coisas boas que estão ao nosso redor.

O período de dez anos à frente da Tiny foi de muitas dificuldades, altos e baixos, seja na empresa, na vida pessoal, financeira e tudo mais. Nessa época, tivemos que morar de favor, mas, aos poucos, tudo foi melhorando. Em meados de 2016, a situação ficou mais confortável, os primeiros frutos começaram a ser colhidos, pude me dedicar integralmente à empresa.

O reconhecimento

Posso dizer que a empreitada teve sucesso e se tornou mais relevante quando a primeira empresa que ajudei a criar, a Bling, foi vendida por impressionantes R$ 524,3 milhões para a gigante de tecnologia Locaweb, em abril de 2021. Em outubro do mesmo ano, a Tiny, empresa em que eu ainda estava atuando, também foi vendida para a Olist, que meses antes havia se tornado unicórnio, recebendo um aporte 186 milhões de dólares, equivalente a cerca de R$ 1 bilhão liderados pelo fundo gerenciado pelo bilionário Warren Buffet. Os valores da transação de venda da Tiny não foram divulgados ao mercado.

A decisão da venda foi um dos momentos mais difíceis da jornada, foram alguns meses de reflexão e entendimento. Até hoje, amigos e pessoas me perguntam como foi, quais foram as bases para decidir, e sobre isso o que posso dizer é que a decisão foi muito pautada em perpetuidade do negócio, em como poderia entregar mais e ser ainda mais relevante.

Para demonstrar a importância que o propósito de criar as empresas (Tiny e Bling) foi alcançado, ambas são referências para empreendedores, especialmente os pequenos, no segmento de ferramentas de gestão, tendo auxiliado mais de 200 mil empreendedores a profissionalizar a gestão de seus negócios.

Se tomarmos como base que cada empresa tem quatro pessoas em média, seriam mais de 800 mil pessoas impactadas; agora, se tomarmos como base que as famílias são impactadas

Histórias singulares que inspiram vol. 3

e que cada família tem, em média, três pessoas, podemos falar de mais de 2 milhões de pessoas. Além disso, essas ferramentas desempenharam papel significativo na transação de uma grande parte dos R\$ 262,7 bilhões movimentados no e-commerce brasileiro somente em 2022.

O novo futuro

Depois da venda da "Tiny", permaneci mais um ano na operação e, no final de 2022, optei por sair da empresa e seguir outro caminho. Não foi fácil novamente, mas posso dizer que entendi que deveria finalizar este ciclo e iniciar um novo. As pessoas que ficavam na empresa tinham a total capacidade de seguir o negócio, inclusive capacidades melhores que as minhas, que meu desafio seria outro e ansiava por uma nova jornada.

Assumi, em 2023, um papel crucial como vice-presidente do Apex Bank, que é muito mais do que um simples banco, é um verdadeiro centro de inovação, oferecendo uma ampla gama de produtos e serviços disruptivos, fazendo parte da Apex Holdings, um grupo financeiro global com interesses em várias áreas, incluindo Corporate, Wealth Management, Venture Capital e Institucional, entre outras.

O nome "Apex" se refere ao ponto mais alto de uma montanha, representando o topo, o 0,1% do todo. Ainda tenho outros projetos de que estou à frente ou participando, mas, neste momento, não posso divulgar. Uma coisa é certa, o *core* (coração) deles é transformar o cenário empreendedor não só do Brasil, mas começa aqui. Hoje, entendo que minha missão, além de ser algo que me motiva a cada dia, é ser um criador de soluções que vão ajudar e facilitar a vida de empresários e empreendedores, todas com base tecnológica.

O aprendizado

Creio que aqui, no final, seja a parte mais importante de toda a história, que são as lições e aprendizados. Não é sobre superação ou a melhor, mais bonita e impactante história, ou sobre resultados de quem lucrou mais, mas sim sobre aprendizados e quanto eles podem ajudar, motivar, inspirar e ativar outras pessoas a criarem suas jornadas.

Olhando toda a minha história, entendo absolutamente cada momento além de seu significado e importância, desde minha infância, e o motivo de ter sido como foi. Foi a construção do meu repertório para o meu futuro. Nosso "intelecto", quando cria soluções, usa nosso conhecimento armazenado ao longo de nossa vida; se ligarmos os pontos vamos tirar inúmeras conexões.

Eu poderia destacar muitos aqui, mas vou escolher alguns que entendi serem os mais importantes.

- O jantar com a família e as longas conversas moldaram meus valores e me deram a força que eu precisava para tudo o que viria a acontecer.
- O andar até a escola me deu resiliência para não desistir facilmente das coisas e ter a perseverança de buscar o que desejo.
- O trabalho desde cedo me mostrou que é necessário para chegar a nossos resultados.
- A doença é um obstáculo que temos que aprender a lidar, é algo que temos que superar, mas mostra o quão humanos somos ao demonstrar nossa bondade em servir.
- A decisão; sempre vamos chegar a pontos de inflexão e teremos que tomar decisões difíceis, mas necessárias. Temos que acreditar que escolhemos o melhor caminho.

Essas mesmas dificuldades se apresentaram de outras formas e várias vezes na história que escrevi. Hoje entendo que meu repertório estava preparado para lidar com cada uma delas.

Dentro das empresas e ajudando a criar tudo do zero absoluto, tive o privilégio de poder desenvolver e aprender sobre diversas áreas de negócio, errar, corrigir e acertar e refazer esse processo por inúmeras vezes, aprender a gerenciar, delegar, cobrar e ser cobrado. Hoje, analisando a jornada, posso dizer com imenso orgulho que valeu cada segundo. Se tiver que citar um arrependimento, seria de não ter desfrutado mais da jornada.

Ter a oportunidade de me desenvolver e, principalmente, desenvolver pessoas e vê-las engajadas e acreditando nos sonhos e no projeto, na mudança, literalmente vestindo a camisa. Sou imensamente grato a todas essas pessoas que, de uma forma ou outra, fizeram parte de toda a jornada. Ninguém constrói nada grande e relevante sozinho, temos que "vender" nosso sonho a outras pessoas para que estas nos ajudem a construí-los.

Aqui faço uma pergunta intrigante: quanto tempo um médico ou atleta olímpico dedica para se tornar um especialista em sua área? E quanto tempo um empreendedor gasta se preparando para gerir ou criar seu negócio? Quero com isso destacar a importância de se preparar adequadamente, já que a falta de preparo é uma das principais razões para o fracasso de empresas.

Para atingir o nível de competência que possuo hoje, tive que investir consideravelmente em minha qualificação pessoal e profissional, cursos, imersões, treinamentos, mentorias e grupos de *networking*. Antes que uma empresa ou negócio possa crescer, as pessoas que fazem parte precisam crescer e se desenvolver. Isso envolve não apenas competências técnicas, mas também habilidades interpessoais e comportamentais, as chamadas *soft skills*. Acredito que ser um "apreendedor" constante, antes de tudo, é crucial para alcançar os resultados e metas desejadas.

Você precisa saber escolher as mesas em que quer se sentar e escolher as pessoas que vão estar consigo. Você vai ter que deixar mesas e pessoas pelo caminho, saber quais portas deve deixar abertas e quais deve fechar. Errar as escolhas faz parte do processo, o importante é como reparar os erros. Se quiser usar meu método, fique à vontade; ele é muito simples: verdade e transparência.

Para os empreendedores, se eu puder oferecer conselhos práticos: invista em si, conecte-se com pessoas mais experientes para aprender e evoluir, tenha mentores e professores, dedique tempo à busca de conhecimento e deixe o ego de lado. Deixe seu ego de lado, citando aqui a frase de um de meus mentores, o professor Gilberto Augusto: "EGO" deve virar "ELO" para conectar pessoas e gerar "ECO". Acredito que, para alcançar o sucesso, é preciso estar disposto a colaborar e aprender com os outros.

Se a trajetória e os *insights* que trago servirem de inspiração para uma única pessoa, eu já cumpri minha missão neste capítulo. Minha história nos lembra que os negócios não são apenas sobre lucro, mas também sobre fazer a diferença na vida das pessoas e na sociedade como um todo. Espero que minhas palavras possam ser valiosas para aqueles que buscam o sucesso no mundo do empreendedorismo. E sucesso não é sobre o "eu", é sobre o outro.

02

MINHA MISSÃO É DAR VOZ AOS EMPREENDEDORES PELO BRASIL E OUTROS PAÍSES

Após criar a revista em Mauá/SP e conquistar assinantes no Brasil e em mais quatro países, agora, quero investir em projetos ousados na comunicação, e prometo dar voz aos empreendedores de pequenos negócios.

ELAINE JULIÃO

Elaine Julião

Formada em Administração e Marketing. Especialista em empreendedorismo. *Founder* e CEO do Grupo Empreenda Mídia e Comunicação. *Publisher* das revistas *Empreenda* e *Empreenda Esportes*.

Contatos
www.empreendarevista.com.br
elaine@empreendarevista.com.br
Instagram: @elaineJuliao_
Facebook: Elaine Cristo Julião
LinkedIn: Elaine Cristina Julião
YouTube: Empreenda Revista

Me chamo Elaine Julião, uma paulistana de Santo Amaro, São Paulo, e que, muito nova, foi morar no ABC Paulista; sou mãe de três e madrasta de dois. Casada e apaixonada por empreender. Comecei meu empreendimento em uma cidade do ABC Paulista, Mauá/SP, tenho muito orgulho de levar o nome dessa cidade para todo o Brasil e para os outros países por onde estou tendo a chance de passar. Sou filha de empreendedor, cresci vendo meu pai abrir e fechar comércio todos os dias. Era dali que vinha todo o sustento da minha família.

Apesar de ter me formado em Administração de Empresas e ter ido trabalhar em grandes empresas nacionais e internacionais, meu perfil empreendedor sempre se destacou. Era uma intraempreendedora nata, daquelas que era a primeira a chegar e última a sair. Com o tempo, fui aperfeiçoando minhas competências, também me formei em Marketing, Empreendedorismo e Inovação.

Minha jornada empreendedora "formal" começa em 2008, quando abri minha primeira empresa. Entre muitos erros e acertos, fui mudando de segmento até que, em 2017, após ter passado um bom tempo atuando na política local, decidi me afastar para focar em algo que pudesse ajudar as empreendedoras da cidade. Queria um projeto que falasse para as mulheres. Decidi então procurar um amigo, para que eu pudesse publicar artigos dessas mulheres na revista dele; infeliz ou felizmente, ele não quis. Eu fiquei tão triste com o "não" que ele me deu que resolvi criar minha própria revista. Eu não imaginava que era algo tão complicado, mesmo assim fui estudar e aprender muito sobre o assunto. Até que, quando percebi, estava trazendo as pessoas mais importantes do empreendedorismo nacional em minhas capas. Foi tudo tão dolorido e ao mesmo tempo tão engrandecedor, que aprendi na raça que, para ser feliz, tem que chorar, e hoje só tenho a agradecer. A *Empreenda* é uma revista que conquistou um público engajado, e esse projeto me levou para vários países. Só em 2019, fiquei mais de 60 dias fora do Brasil, divulgando a revista.

Eu me considero visionária. Muito cedo entendi que só a revista não me diferenciaria dos projetos que já existiam; então, decidi que os eventos realizados pela revista teriam o maior peso no meu negócio. E claro, esses eventos deveriam começar em Mauá; em 2017, realizei dois eventos. O primeiro em maio e o outro em outubro, ambos no espaço Maddok, trazendo para a cidade os palestrantes Leandro Marcondes e Max Gehringer.

O que não imaginava era que, ao levar Max até a cidade de Valinhos (sim, precisei ir buscar e levar o palestrante até sua casa), após o evento, teria uma mentoria com ele. Max conversou e me deu várias dicas; eu, claro, apliquei todas imediatamente, mesmo sem ter recursos. Fiz questão de aplicar dica por dica que o palestrante me passou. Em menos de um ano, comecei a colher os frutos.

Max me perguntou por que a *Empreenda* estava somente em Mauá. Eu disse que queria ser a melhor revista para o empreendedor aqui da cidade. Ele me disse que minha revista já era muito boa, então que eu fosse boa para mais gente. Eu não tinha ideia de como fazer isso, mas apliquei cada dica dele, mudei o logo, ajustei o formato de capa, aumentei o número de páginas e muito mais coisas. Era o começo de algo tão incrível que, às vezes, eu me pego rindo sozinha, nem eu sei como dei e dou conta. A *Empreenda* é uma gigante e agora estamos ficando ainda maiores. Apesar da pandemia, conseguimos manter o ritmo e não temos nenhuma capa disponível para este ano.

Uma das dicas que Max me deu e apliquei de imediato foi a de colocar pessoas famosas na capa. Consegui trazer nada menos que Luiza Helena Trajano, e não parou por aí: pessoas como Robinson Shiba, Caito Maia, Cris Arcangeli, Camila Farani, Rick Chesther, Flávio Augusto e Silvio Santos são nomes que já passaram pela capa da *Empreenda*.

Desafios

Empreender é muito desafiador, nem tudo são flores. No processo de crescimento, por diversas vezes encontrei muitos entraves, principalmente com parcerias erradas.

Não foram uma, duas ou três, meu Deus, fiz muitas parcerias erradas; perdi muitos "amigos" nesse processo, apesar de que, se realmente fossem meus amigos, não tentariam me usar, ou melhor, jogar comigo. Cheguei a escutar de um "amigo" que eu até podia ser inteligente, mas ele que tinha dinheiro. Olha, se eu te contar o tanto de barbaridades que ouvi, você vai chorar. Mas acredite, eu sou muito grata, porque hoje, apesar de ainda ter muita coisa mal resolvida, provei que podem falar o que quiserem de mim, mas da minha competência eles não podem falar nada.

Outro grande desafio foi o fato de que a revista tinha sido planejada para ser distribuída gratuitamente nas cidades do ABC Paulista. Em pouco tempo, comecei a ter que enviar revistas por correio para outros estados. Isso foi um indicador de que as pessoas estavam dispostas a pagar pela publicação. Mais uma vez, mudei os planos e lancei a revista por assinatura.

Lançar uma revista por assinatura para todo o Brasil exigiu um investimento que não tinha, mesmo assim acreditei que daria certo.

Costumo dizer que, quando estamos em movimento, as coisas acontecem. Ao fazer a capa do Rick Chesther, não esperava que ele mostraria a *Empreenda* em todas as suas lives; isso aumentou muito a minha visibilidade, fui parar até no aplicativo EU SOU GV do Flavio Augusto. Era minha chance de crescer, agarrei com toda a minha força essa oportunidade e arrisquei, mais uma vez, tudo o que tinha.

Arriscar faz parte do processo de empreender. Grandes nomes do empreendedorismo nacional costumam dizer que, se você não estiver disposto a errar ou perder dinheiro, é melhor nem empreender; e aprendi isso muito bem. Sou extremamente focada em resultado, sei que empreender é mais do que satisfação financeira.

De Mauá para o mundo

Eu já levei o nome da cidade de Mauá para outros países. Nos Estados Unidos, já passei pelos estados de Nevada, Washington, Illinois, Califórnia e Flórida, visitando as cidades de Las Vegas, Seattle, Chicago, San Francisco, San Jose, Napa Valley e Miami.

No Japão, no ano de 2019, estive duas vezes passando por Tóquio, Nagoya, Toyota, Shizuoka, Kyoto e Shiga. A decisão de internacionalizar a *Empreenda* veio da procura de um empresário do Japão, que conheceu a publicação no Power House Brasil, evento realizado pelo Flavio Augusto, que tinha sido capa da revista em dez/2018. É claro que não pensei duas vezes, parti para mais uma jornada empreendedora e venho obtendo muito sucesso.

Canadá e Alemanha também fazem parte dos países onde a *Empreenda* tem clientes, porém esses vieram de maneira orgânica, não houve lançamento nessas regiões.

Eu sempre quis conhecer outros países, já tinha ido para os Estados Unidos e Argentina, quando ganhei essas viagens vendendo cosméticos da marca Mary Kay, mas ir para os Estados Unidos como empreendedora e levando meu próprio negócio, visitar o Vale do Silício, um lugar que eu sonhava conhecer, foi algo mágico. Era o meu trabalho sendo reconhecido, era o meu esforço sendo lido por brasileiros que moram e empreendem lá.

No Japão não foi diferente; eu adoro a cultura e já amava o país antes de conhecer. Minha primeira viagem para lá foi em maio/2019; embarquei com muito medo e muita coragem. Eu levei pouquíssimo dinheiro, aquilo tinha que dar certo. Quando participei do evento, e naquele palco contei minha história, contei que era de Mauá, não imaginava que seria tão aplaudida e que seria o começo de um lindo trabalho. Naquela noite, vendi mais de cem assinaturas da revista e, de lá para cá, esse número só aumentou. Em novembro do mesmo ano, voltei ao Japão; dessa vez, de modo independente, pude dar dois treinamentos para os brasileiros que vivem lá.

Quando tem que dar certo

Eu me considero muito competente no que faço, estudo muito e busco sempre por novidades, mas por não ter tido muito tempo para pensar em algumas ações, precisei ir aprendendo no meio do caminho. Foi assim com os eventos, que hoje são gigantescos e chegam a ter 14 horas de duração; foi assim com a revista, que hoje é uma das edições empreendedoras mais comentadas do país.

Se eu puder dizer a você algo sobre dar certo, diria que quando você não tiver outra alternativa, não pense no fracasso. Isso aconteceu comigo, eu vendi meu carro, desisti de ter coisas materiais para investir no meu negócio; eu não tinha outra opção, TINHA QUE DAR CERTO.

Tenho um amigo que diz que, quando a cama está quentinha a gente fica preguiçoso, então eu nunca deixo minha cama esquentar. Quando as coisas começam a ficar confortáveis, dou um jeito de me desafiar. Sou uma pessoa que procura sempre aprender.

Novos projetos

Busco ampliar a visão sobre meus negócios, e agora estou investindo em abrir novos mercados para o meio editorial. Enfatizo que meu início foi desafiador e que muitas pessoas não acreditavam em minhas ideias, mas, hoje, sou convidada por vários órgãos para dar palestras e incentivar a cultura empreendedora.

Em 2022, lancei novas publicações. A primeira é voltada ao mercado esportivo e leva o nome de *Empreenda Esportes*, que tem como sócio o ex-jogador da seleção brasileira, Edmílson Moraes; o outro lançamento foi a revista *Empreenda Japão*, na qual tenho como sócio o empresário Guto Aguiar.

Existe algo na mídia impressa que as pessoas desconhecem: conexão. É incrível o poder que o papel tem em aproximar os leitores dos seus ídolos e, agora, nossas publicações passam a ter realidade aumentada em suas capas; vamos realmente elevar a experiência do usuário em ler uma revista.

Para 2024, estou preparando o lançamento da *Empreenda Portugal*, mais uma edição que terá, como sócia a empresária, Mayara Marinov.

Dívidas de gratidão

Um fato interessante é que, após minha participação no programa Pânico da Jovem Pan, em dezembro de 2019, recebi muitas mensagens de pessoas que moram em Mauá/SP e que agradeciam por levar o nome da cidade para a grande mídia que não fosse policial. Aquilo mexeu comigo e lembrou que, quando comecei a *Empreenda*, minha meta era ser a melhor revista da cidade. Depois de ter conquistado o sucesso à frente da *Empreenda* e de aprender a fazer comunicação empreendedora, vi a chance de retornar para a cidade, atuando de maneira mais dedicada aos empreendedores locais. Um exemplo disso é o evento Empreenda Summit ABC, que fiz questão de fazer a edição 2021 na cidade de Mauá.

Mauá é uma cidade muito nova. Eu mesma vivi por lá durante 36 anos, ou seja, dos 66 anos de Mauá, passei lá mais de 50% do tempo de vida da cidade. Comecei meu negócio naquela cidade, ganhei o mundo e agora quero ajudar a melhorar as condições empreendedoras tanto de lá como das demais cidades do Brasil. Assim como Mauá, muitas outras cidades precisam de visibilidade e voz empreendedora. Eu me sinto responsável por entregar algo incrível para Mauá e tantas cidades que precisam.

Notei que, infelizmente, muitas pessoas sentem vergonha de morar em cidades pequenas, ou que são "chefiadas por coronéis". Acredite, tem muita cidade no Brasil assim. Eu insisto em dizer que tem que ser o contrário. As pessoas que insistem em destruir essas cidades que deveriam sentir vergonha, não nós! Quero dar voz a quem realmente tem chance de fazer essas cidades crescerem, os empreendedores de todos os bairros e tamanhos, não importa o estilo, o que eu sei é que, se essas pessoas entenderem que, assim como eu, que saí de uma cidade pequena, elas também podem ajudar a transformar suas vidas e a vida de muitas pessoas nessas cidades. Precisamos tornar as cidades empreendedoras e altamente desenvolvidas.

Olhar no futuro

A pandemia da covid-19 fez que a transformação digital trouxesse aos empreendedores de pequenos negócios uma urgência em profissionalizar seus negócios e eu, enquanto editora-chefe da *Empreenda Revista*, estou à frente de projetos que visam humanizar a comunicação e, ao mesmo tempo, deixar simples conceitos, como: inteligência artificial, realidade aumentada, metaverso, nomenclaturas que em um primeiro momento assustam, mas que estão inseridas no dia a dia de milhares de pessoas, sem que elas percebam.

Os empreendedores precisam entender que o que nos fez chegar até aqui não é o que vai nos levar daqui para a frente. Estou empenhada em entregar as chaves dessa transformação digital a todos que desejam sobreviver nesse novo mercado. Somente empreendedores focados em criar negócios de propósito e de impacto conseguirão passar de fase, ou seja, terão sucesso daqui para a frente.

Muitas pessoas me perguntam como é atuar no mercado editorial e, principalmente, como eu faço para a *Empreenda* ser uma revista que consegue ter tanta aproximação com o público. A resposta é simples. Ela não é somente uma revista, é uma conexão entre as mentes mais brilhantes do empreendedorismo nacional e os empreendedores que desejam ardentemente transformar as coisas ao seu redor. Somos o elo entre dois mundos que, juntos, fazem a engrenagem empreendedora girar.

03

A CEREJA DO CARECA

Desde os 17 anos, sempre gostei de empreender, mas muito nova tomei uma decisão de fazer curso de biomedicina. Não era o meu sonho e, quando percebi, mudei completamente meu olhar; o fato era que corria desde cedo em minhas veias empreender. Resolvi, junto do meu esposo, ser sócio para vida toda, com muita resiliência, foco, determinação e fé. Desde muito cedo, enfrentei obstáculos que foram degraus para alçar o sucesso. Com perseverança, construí minha história de vida. Minha jornada é um convite para outras mulheres acreditarem em seu potencial e buscarem o sucesso mesmo diante das dificuldades.

ISABELA CARECA

Isabela Careca

Mãe, esposa e empresária (CEO de quatro marcas), atuando, desde 2003, na área de *fast food*.

Contatos
Isabela@grupocareca.com.br
Instagram:@isabelacareca
Facebook: Isabela Careca

Sou Isabela, mulher, mãe da Lara e da Lavínya. Sonhadora e persistente, corro atrás de meus sonhos e luto pela minha família. Nasci em Maceió. Fui rejeitada por meu pai, que não quis me assumir e foi embora. Minha mãe me criou com tudo do bom e do melhor, com a ajuda e o apoio da família até meus dois anos de idade. Após isso, teve a chegada de um padrasto que ajudou na minha criação.

Ele não era afetuoso, porém nunca deixou faltar nada. Minha mãe e meu padrasto tiveram mais um filho. Então, morávamos nós quatro juntos. Também tenho uma irmã do meu pai biológico. Quando adulta, eu a procurei e me aproximei dela. Temos uma boa relação, porém nem eu nem ela tivemos contato com nosso pai, que sumiu da vida dela também. Com uma realidade marcada pela ausência paterna, enfrentei, desde cedo, as adversidades da vida.

Sempre fui muito estudiosa, por isso determinei que seria alguém na vida e teria uma linda família, conquistando o que eu quisesse. Era satisfatório estudar e ajudar minha mãe, que sempre fez tudo para me ver bem, uma mulher muito batalhadora. Na ausência de meu pai, passei a ter meu padrasto como figura paterna. Até hoje ele é presente, gosto muito dele; deu muito amor às minhas filhas.

Embora a afetividade não fosse seu ponto forte, meu padrasto foi incansável em garantir que eu e minha mãe nunca enfrentássemos a falta do básico, proporcionando-nos uma rede de apoio que compensava a ausência do meu pai.

Minha infância foi moldada pela escassez, mas aprendi a importância da resiliência e do trabalho árduo. Com a orientação de minha mãe e de meu padrasto, desenvolvi uma mentalidade de perseverança que se tornaria um dos pilares da minha jornada de vida.

Desse período, lembro-me das festas. Era sempre muito sacrifício para tudo. Aos sete anos, andando de bicicleta, quebrei a perna. Não tínhamos plano de saúde e um tio/padrinho pagou o tratamento. Depois, minha mãe devolveu o valor para ele.

Adorava a casa da minha avó e dos meus tios. Passava muito tempo lá com meus primos, principalmente nas férias. Éramos como irmãos. Tenho muitas memórias afetivas com meus tios, tudo o que meus primos ganhavam, eu também ganhava.

No tecido das nossas memórias mais preciosas, muitas vezes encontramos os fios entrelaçados de momentos compartilhados com primos. Esses laços familiares, moldados por risadas, brincadeiras e o suporte amoroso dos tios, formam uma tapeçaria única de experiências que perduram por toda a vida.

Quando a infância nos presenteia com a alegria de ter primos por perto, o palco está montado para a criação de memórias afetivas que se tornam a base de nossa jornada. Nos encontros familiares, nos almoços de domingo e nas férias compartilhadas que se forjam as recordações que resistirão ao teste do tempo.

Nos meus 15 anos, debutando, meus tios se juntaram e fizeram minha festinha. Simples, mas eu tive! Eu tinha tudo na medida em que eles podiam me proporcionar. Ao alcançar a fase adulta, decidi trilhar um caminho acadêmico e me formei em Biomedicina. No entanto, mesmo com um diploma em mãos, percebi que minha verdadeira paixão estava no empreendedorismo. A vontade de construir algo próprio, de deixar minha marca no mundo dos negócios, pulsava mais forte em meu coração do que seguir uma carreira tradicional.

Determinada a seguir meus instintos empreendedores, mergulhei no desafiador mundo dos negócios. Inicialmente, tentei o caminho convencional, ingressando no mercado de trabalho sob o regime da CLT. No entanto, foi durante essa experiência que percebi minha verdadeira vocação: criar, inovar e liderar.

A virada decisiva em minha história aconteceu quando conheci o homem que se tornaria meu companheiro de vida. Juntos, enfrentamos os desafios e as incertezas do empreendedorismo, construindo uma base sólida para nossos sonhos compartilhados. Com determinação e parceria, superamos obstáculos e pavimentamos o caminho para o sucesso nos negócios.

Tinha 17 anos quando comecei a namorar Careca. Após seis anos de noivado, já formada, resolvi empreender com ele, incentivando e apoiando-o. Nesse período me apaixonei pelo empreendedorismo. Feliz por estarmos juntos, mesmo com tantas dificuldades. Ele era o amor da minha vida. Meu coração batia diferente com ele lutando para que tudo desse certo.

Ter um parceiro que te apoia incondicionalmente é, sem dúvida, um dos maiores presentes que a vida pode oferecer. Nessa jornada chamada vida, os desafios, muitas vezes, se apresentam como estradas sinuosas, por isso encontrar alguém que esteja ao seu lado em todas as situações é como descobrir um combustível poderoso para o sucesso e a felicidade.

Para mim, esse suporte essencial vem da presença amorosa do Careca. Ele não é apenas um companheiro de vida, mas um alicerce sólido sobre o qual construímos nossas realizações e superamos os obstáculos. O apoio mútuo entre nós não só fortaleceu a relação, mas também se manifestou como um catalisador para o sucesso pessoal e profissional.

Contar com um homem que compartilha os mesmos sonhos e aspirações, que celebra minhas vitórias e oferece o ombro amigo nos momentos difíceis é um tesouro inestimável. Juntos, formamos uma equipe resiliente, pronta para enfrentar qualquer desafio que a vida nos apresente.

O fato de tê-lo escolhido para ser o pai das minhas filhas é um testemunho do amor e da confiança que deposito nele. A parceria na criação das meninas não apenas solidifica os laços familiares, mas também cria uma base sólida para o desenvolvimento saudável e feliz das nossas filhas.

O orgulho que sinto por ter Careca ao meu lado é mais do que justificado. Ele não é apenas um parceiro, mas um aliado comprometido em construir uma vida plena e significativa ao meu lado. Essa união não apenas acrescenta valor ao meu cotidiano, mas também se torna uma fonte constante de inspiração para alcançar novos patamares.

O apoio mútuo em um relacionamento é como o combustível que impulsiona um veículo na estrada do sucesso. Juntos, percorremos esse caminho, enfrentando curvas e encarando retas, sabendo que temos um ao outro para compartilhar as alegrias e superar os desafios.

A jornada ao lado do Careca continua sendo repleta de amor, cumplicidade e conquistas. A parceria única continua a ser o alicerce sólido sobre o qual construiremos uma vida cheia de realizações e momentos inesquecíveis.

Hoje, sou empresária, com quatro marcas fortes. Tenho um marido incrível e lindo. Amo servir e fazer estratégias, sou uma pessoa muito determinada: o que não sei fazer, estudo, aprendo e corro atrás. Amo impulsionar outras mulheres!

Tenho o sonho de viajar para muitos lugares que ainda não fui, formar as minhas filhas e vê-las felizes e realizadas.

Já disse que gosto de inspirar mulheres e que Careca é rodeado por mulheres em casa? No escritório, não podia ser diferente... Nosso time de marketing e de estratégia é composto por seis mulheres alinhadas comigo e com Careca. Saímos do operacional, estamos na parte estratégica. Imaginem todas nós, esposa, filhas e colaboradoras falando no ouvido dele! Mas Careca é tão alegre, entusiasmado, feliz, generoso e parceiro que tira de letra e leva tudo com amor e leveza. Careca é "a cara do Brasil".

No vasto universo das histórias inspiradoras, minha trajetória se destaca como um testemunho de determinação, resiliência e coragem. Hoje sou uma renomada empresária de sucesso. Trilhei um caminho repleto de desafios desde minha infância até conquistar meu lugar de destaque no mundo dos negócios.

Atualmente, eu e meu marido somos empresários de destaque no ramo alimentício, com diversas lojas e marcas reconhecidas. Nossa jornada não apenas nos levou ao sucesso profissional, mas também à construção de uma linda família. Mãe de duas filhas, Lara e Lavínya, conseguimos equilibrar, com maestria, as vidas profissional e pessoal, demonstrando que é possível alcançar grandes realizações em ambas as esferas.

Acredito que minha história é um exemplo inspirador de como a determinação, aliada ao apoio familiar e à busca por paixões genuínas, pode transformar obstáculos em oportunidades. Não apenas superei as limitações impostas por uma infância marcada pela ausência paterna e escassez, mas também floresci como mulher de negócios respeitada, uma mãe dedicada e esposa amada.

Venho de uma trajetória única, comprovando que o empreendedorismo não conhece limites e que o verdadeiro sucesso vai além dos números nos negócios. Minha história é um lembrete inspirador de que, quando se tem coragem para seguir os próprios sonhos, é possível transformar desafios em conquistas extraordinárias.

04

VISTA SUA MELHOR VERSÃO

Minha transição de 30 anos no mundo corporativo, ocupando cargos estratégicos em grandes empresas, como Itaú, Bradesco, Folha de São Paulo, BNP Parribas e FGV, revelou a falsa estabilidade da CLT. Embora oferecesse benefícios e glamour, eu me sentia desvalorizada e insatisfeita. Meu sonho sempre foi prosperar com uma loja de moda feminina, influenciada pela trajetória da minha mãe no atacado de roupas. Contudo, a vida corporativa desviou meu caminho desde os meus 18 anos, escalando posições na carreira. Decidi, aos 48 anos, seguir minha paixão, desvinculando-me de uma multinacional francesa para me tornar "sacoleira". Convido você a conhecer minha jornada de transformação, a ousar e libertar-se dos padrões que só oferecem falsa segurança. Descobri que, embora a escola nos dê conhecimento, ela não nos prepara para aplicá-lo no mundo real. Boa leitura, e que esta história possa inspirar sua própria mudança de chave.

ANA COSTA

Ana Costa

Formada em Pedagogia pela UFMG, trilhou uma carreira sólida por quase 30 anos no mercado corporativo em empresas nacionisl e multinacionais. Contudo, seu verdadeiro desejo sempre foi empreender no universo da moda, inspirada pela mãe. Há cinco anos, Ana seguiu seu coração e tornou-se uma empresária bem-sucedida de moda. Além de gerenciar sua loja, ela se dedica apaixonadamente a um projeto de mentoria para lojistas iniciantes e mulheres empreendedoras no segmento feminino. Sua formação pedagógica e vasta experiência corporativa garantem um conteúdo estratégico e enriquecedor, capacitando outros empreendedores a trilharem caminhos de sucesso no mundo dos negócios da moda.

Contatos
Instagram: @anacostavendamaismoda / @anacosta.veste
11 98548 4455

Sou Ana Cristina Costa, mineira de Belo Horizonte, cidade onde a minha jornada começou. Venho de uma família bem simples, mas com valores ricos em integridade e persistência. Sou a mais velha das três irmãs. Juliana veio depois e Adriana é a caçula. Nossa diferença de idade é de exatamente quatro anos.

Minha mãe, Maria Lúcia, mineira, nasceu na capital. Meu pai, Dalmir, nasceu numa cidadezinha do interior de Minas Gerais chamada Martinho Campos. Ambos vieram de famílias humildes e enfrentaram dificuldades em suas trajetórias. Meu pai deixou o interior em busca de uma vida melhor na capital, mas encontrou inúmeras barreiras, pois seus estudos foram interrompidos antes que concluísse o $2^{\underline{o}}$ grau. Minha mãe, a primogênita de três irmãos, também teve que abandonar seus estudos para ajudar meus avós, contribuindo para o sustento da família.

Assim que se casaram, foram morar nos fundos da casa da minha avó materna, onde eu cresci. Minha mãe parou de trabalhar para cuidar de mim, meu pai era motorista de caminhão e trabalhava para uma pedreira. Posteriormente, ele se tornou motorista de ônibus na Viação Cometa, com salário tímido e muita responsabilidade.

Tive uma infância comum, porém bastante limitada devido à nossa situação financeira. Para superar essa dificuldade, contávamos com a ajuda da minha avó, a quem admirei desde a minha tenra infância. Eu passava a maior parte do meu tempo com ela, já que minha mãe se dedicava às minhas irmãs e, também, tinha a responsabilidade de cuidar de todas as tarefas domésticas.

Minha avó desempenhou um papel fundamental na minha infância. Ela ajudava comprando roupas, sapatos e brinquedos – claro! – quando sobrava um dinheirinho, porque era professora do Estado e ganhava pouco. Me lembro dela corrigindo os cadernos dos alunos e eu pensava: "Quero ser professora como ela". Minha avó me inspirava. Já meu avô, Carlos, era mais próximo da Juliana, minha irmã do meio. Como eu presenciava minha avó chorando devido às mentiras, traições e ofensas dele, eu ficava mais distante.

Sou formada em pedagogia e fui professora durante seis anos por influência da minha avó. Lembro-me de ela falar comigo: "Minha filha, tenha a sua profissão, a sua independência e não dependa de marido, nem de ninguém".

Minha mãe me ajudava com o dever de casa, mas ela era muito brava. Eu preferia que minha avó me ajudasse. Ela era professora e me dava atenção. Minha mãe, impaciente, me xingava e falava alto comigo quando eu errava as questões do dever de casa.

Assim, fui crescendo, sempre calada e com certo medo de errar por causa da educação rígida que recebia da minha mãe. Entrava muda e saía calada na sala de aula e cada vez mais me apegava à minha avó querida.

Quando minha avó partiu, eu tinha 12 anos. Escolhi não ir ao velório, porque queria preservar a imagem que guardava dela como uma pessoa alegre, forte e otimista, apesar das dificuldades que enfrentara em seu casamento. O câncer de pulmão levou a vovó Neném, que era fumante. Como era minha inspiração, também queria fumar. Lembro-me de pegar as guimbas de cigarro que ela jogava fora para fumar também. Era horrível! Eu tossia muito. No entanto, achava chique vê-la segurando o cigarro entre os dedos enquanto conversava e gesticulava com as mãos.

Durante os dois anos de tratamento da doença dela, entre uma internação e outra, minha mãe precisou se dedicar em tempo integral. Com isso, tinha que estudar sem a ajuda dela e foi aí que decolei na escola. Não tinha mais a pressão que ela exercia sobre mim. Estudava sozinha e estava dando certo; entendi que eu era capaz.

Com o tempo, meu pai arrumou um trabalho melhor em uma empresa de perfuração de poços artesianos, mas o salário ainda era baixo. Minha mãe teve que ajudar, então começou a vender roupas. Eu adorava isso! Experimentava todas as roupas com empolgação. Meus olhos brilhavam, e eu sempre dizia que um dia teria minha própria loja de roupas. Admirava como minha mãe apoiava meu pai com as despesas de casa.

Era época do vestibular e passei em duas faculdades particulares, mas meu pai não tinha condições de pagar as mensalidades. Então, esperei o ano seguinte e passei em pedagogia na UFMG. Estudava pela manhã na faculdade e, à tarde, dava aula para a pré-escola. Era muito corrido porque minha aula na faculdade começava às 7h da manhã e acabava às 12h; às 13h, eu tinha que estar na escola para dar aula. Minhas conquistas sempre foram suadas.

Minha mãe galgou um degrau e começou a fabricar roupas para vender para os atacadistas. A confecção era modesta e dispunha de poucos recursos em termos de maquinários. Isso resultava em uma pequena produção e, consequentemente, o retorno financeiro deixava a desejar.

Terminei a faculdade e me sentia orgulhosa; afinal, consegui concluir um curso em uma instituição de primeira linha, extremamente concorrida. Uma conquista de muitas que viriam. Esse era meu pensamento. Com as minhas manhãs livres, comecei a ajudar minha mãe nos afazeres da confecção e ficava sempre por perto. Dizia que seria uma lojista bem--sucedida de moda.

Após cinco anos de dedicação como professora, busquei novas oportunidades devido ao baixo salário e reconhecimento limitado da profissão. Foi nesse contexto que decidi buscar outro trabalho com salário melhor. Assim, inscrevi-me em uma oportunidade de emprego em um banco regional de pequeno porte e fui contratada. Outra conquista! Mas agora já não podia mais ficar parte do tempo com a minha mãe na confecção. Mas a semente da moda já estava lançada no coração.

Mesmo afastada fisicamente da confecção da minha mãe, estava sempre conversando com ela e acompanhando de longe os progressos, que eram tímidos. Ela se dedicava ao máximo e parecia incansável. Com algumas promoções de cargo recebidas, não parei de investir em conhecimento. Concluí três cursos de pós-graduação. Assim, minha carreira se consolidava em empresas nacionais e multinacionais. Mas, no fundo, sempre vinha o desejo de ter minha loja de roupas. Mesmo com o glamour e bons salários do mundo corporativo, por incrível que pareça, não me sentia realizada.

Devido a algumas mudanças econômicas e um infarto que acometeu meu pai, minha mãe encerrou as atividades de confecção. Casei-me e me mudei para Recife com meu marido, que assumiu uma nova posição na empresa. Logo encontrei emprego com baixo salário e, posteriormente, uma oportunidade em uma multinacional. No entanto, meu casamento acabou devido a uma traição, lembrando-me da dor que minha avó sentiu com traições similares do meu avô. Não aceitei isso.

Nessa empresa, ocupei o cargo de executiva regional e, enquanto avançava na carreira, minha paixão por abrir uma loja de moda persistia. Diante de um novo desafio, mudei-me para São Paulo e, após dois anos, casei-me com André, parceiro incondicional, que sempre me apoiou e era cúmplice em realizar meus sonhos.

Lembro-me como se fosse hoje. Eu estava voltando do trabalho, numa sexta-feira, às 19h, presa em um engarrafamento. Foi ali que decidi abandonar minha carreira e apostar naquilo que sempre foi meu objetivo. Com o apoio de André, me desliguei da empresa para começar de novo aos 48 anos.

Comecei timidamente, fazendo algumas pesquisas, me atualizando sobre o mercado da moda. Providenciei o CNPJ de microempreendedor e fui fazer minha primeira compra modesta no Bom Retiro, polo de moda famoso no Brasil.

O início foi desafiador devido à minha falta de conhecimento no mercado de moda, mas consegui conquistar minhas primeiras vendas por meio de uma estratégia que envolveu divulgação para amigos e uso do Instagram. Comecei a criar vídeos mostrando as roupas e, assim, nasceu a Ana Costa Veste. Escolhi esse nome com a intenção de não apenas vestir mulheres para diversas ocasiões, como trabalho, festas, casamentos, cinema etc., mas também de elevar a autoestima delas, empoderá-las e realçar a beleza intrínseca de ser mulher.

Escolhi um cantinho da minha casa para virar minha lojinha particular. Comprei uma arara para manter as roupas organizadas, também comecei a entrar nos bazares para minhas vendas. O legal é que conheci muitos empreendedores nos bazares, com os quais consegui indicações valiosas de fornecedores estratégicos.

Apesar das dificuldades, não me arrependi de sair do mercado corporativo. Lutava diariamente para vender e cada vez mais usava as redes sociais para atrair clientes. Com o passar do tempo, precisei alugar uma pequena sala em Alphaville, devido à falta de espaço em casa. Seria importante que eu ficasse nas proximidades da minha casa, mesmo que ela não fosse em Alphaville.

A fim de enfrentar os novos custos, estabeleci uma parceria com uma influenciadora regional para impulsionar as vendas e aumentar nossa visibilidade. Foi tão enriquecedora a parceria que a mantemos até hoje. Após um ano e meio nesse edifício, percebi que era hora de mudar para uma loja de rua, pois estávamos crescendo. Mas encontrar um local com preço acessível em Alphaville era um desafio, os custos são elevados.

Então, mudamos para Osasco em fevereiro de 2020. Mas, em março, a pandemia chegou. Foi um momento desesperador; não desisti. Precisava reinventar, e foi quando personalizei algumas malas e levava até as clientes para que elas comprassem no conforto de suas casas. Essa estratégia funcionou e consegui sobreviver.

Após três anos de luta, pela primeira vez, pensei em desistir. Novamente me inspirei nas palavras da minha avó para buscar minha independência financeira e decidi persistir, mas era preciso fazer da maneira correta. Foi então que investi em uma mentoria com uma profissional com larga experiência no varejo de moda. Suas orientações me ajudaram a corrigir erros, mesmo aqueles que não esperava cometer devido à minha experiência corporativa. Dentre elas, destaco:

- Ajustar a identificação com meu público-alvo.
- Realizar seleção minuciosa e estratégica dos fornecedores.
- Precificar corretamente os produtos, considerando todos os custos da loja.
- Analisar os principais fatores para a escolha do próximo ponto de venda: movimentação do público, posicionamento da concorrência, bem como as práticas de pagamento na região e tipo de comércios localizados nas proximidades.
- Contratar funcionárias com mais preparo.
- Ter um controle financeiro bem detalhado.

Fazer os ajustes não foi tão simples. Com novo planejamento financeiro, precisei vender meu carro. Estava sem fôlego, precisava de um capital de giro no curto prazo para não perder tempo com as correções. Coloquei em prática todos os conhecimentos que busquei e, hoje, tenho plena convicção de que isso valeu muito a pena.

Depois de tantos erros e acertos, minha avó ficaria orgulhosa do meu caminho, assim como meus pais estão. Hoje, a loja está estrategicamente localizada no coração de Alphaville, ocupando uma área de 115 m² e atendendo a um portfólio diversificado com cerca de 840 clientes. Conto com uma equipe de vendas altamente capacitada, que se dedica a proporcionar a melhor experiência de compra para nossos clientes.

Durante toda essa jornada, pude perceber como Deus cuidou dos mínimos detalhes para que meu sonho não se frustrasse. Ele conhece profundamente nossos corações e sempre nos proporciona o melhor e no tempo d'Ele. Meu marido foi verdadeiramente incrível! Seu apoio e parceria foram fundamentais para que hoje possamos celebrar nossas conquistas e traçar planos para a abertura de novas filiais. E claro, minha inspiração eterna: minha querida vovó Neném, a quem devo toda a formação do meu caráter. Se não fossem seus sábios conselhos, sua rica experiência de vida e seu exemplo como uma mulher guerreira, provavelmente não teria alcançado tudo isso.

Às vezes, a jornada para alcançar nossos sonhos pode parecer longa e desafiadora. Podemos enfrentar obstáculos, momentos de dúvida e até mesmo quedas. No entanto, é importante lembrar que a persistência e a determinação são as chaves para transformar nossos sonhos em realidade.

Não importa o quão difícil pareça, nunca desista. Lembre-se de que cada passo dado, por menor que seja, vai te aproximar um pouco mais do seu objetivo. Assim como muitos realizaram seus sonhos antes de nós, também podemos conquistar os nossos. Portanto, continue acreditando em si mesmo, aprendendo com as experiências e seguindo em frente com paixão e coragem. Seus sonhos merecem ser vividos e realizados. Então, vá em frente e siga o caminho que leva à sua grande conquista. O sucesso está à sua espera, e o futuro pertence aos que ousam sonhar e persistir.

05

CEO DE PESSOAS

Neste texto, vou relatar sobre a minha jornada de vida e carreira, destacando minhas experiências desde a infância até a liderança de uma bem-sucedida empresa do ramo têxtil, a Brand Têxtil. Nascido em Ribeirão Preto e criado em São Paulo em uma família humilde, descobri minha paixão e habilidade para vendas na adolescência. Após algumas tentativas empreendedoras e desafios financeiros, encontrei sucesso ao me tornar representante em uma empresa de tecidos, onde construí relacionamentos valiosos. Com o tempo, inovei no mercado com tecidos pintados à mão, enfrentando a competição, e me adaptei às mudanças do mercado, focando em um atendimento ao cliente excepcional. A Brand Têxtil cresceu, hoje fabricando 500.000 metros de tecidos estampados por mês, adotando práticas sustentáveis e se expandindo internacionalmente.

MARCELO COSTA

Marcelo Costa

CEO e *founder* da Brand Têxtil, há anos no mercado de moda feminina e masculina. Atende os principais clientes do Brasil. Iniciou com mesas de estamparia manuais e, hoje, tem 200 funcionários, 40 representantes no Brasil todo e *showroom* no bairro do Bom Retiro em São Paulo/SP, Americana/SP, Fortaleza/CE, Rio de Janeiro/RJ e em Portugal.

Contatos
marcelo.costa@brandtextil.com.br
Instagram: @Marcelolvc
LinkedIn: Marcelo Costa

Nasci em Ribeirão Preto, mas vim para São Paulo com um ano de idade. Sou o quarto filho de um casal incrível! Mamãe, dona de casa, e papai, funcionário público. Na família, não havia nenhum empreendedor. Venho de uma família estruturada, sem luxo, mas com muito afeto. Sempre estávamos juntos, em união. Eu e meus irmãos fomos criados para sermos amigos mesmo, parceiros. Minha mãe, uma mulher protetora, doce e muito cuidadosa. Meu pai, homem bravo, rigoroso, muito honesto e conservador.

Com meus irmãos, muito respeito e muita união; juntos em tudo. O máximo de atrito que tínhamos era para definir quem sairia com o carro do nosso pai. Uma parte da família era nordestina, por parte de meu pai, e outra, da Grande São Paulo, por parte da minha mãe. Não havia aquela coisa de passar férias com tias e primos, pois não tinha primos da minha idade. Então, viajava com meus amigos.

Aos sete anos de idade, me recordo de um vizinho que tinha um bugue. Eu passava horas na frente de casa vendo-o passar com o bugue, aquilo me dava uma tristeza tão grande porque sabia que não poderia ter um daquele. Certo dia, meu pai disse que me daria um daquele, fiquei todo empolgado e enrolei um pano na cabeça como se fosse um capacete. Fiquei esperando meu pai chegar com o bugue, que não veio. Fiquei muito frustrado.

Na contramão, meu pai foi a uma loja e comprou uma mobilete. Eu sabia que chegaria com o caminhão da loja, então ficava no portão de casa esperando. No dia que o caminhão do Mappin[1] encostou em frente a minha casa, foi uma alegria só. As memórias afetivas desempenham um papel significativo em nossa vida adulta, influenciando personalidade, relações interpessoais, tomadas de decisões e bem-estar emocional.

Aos 12 anos, com uma vidinha pacata em colégio público, ia a festinhas com amigos, praticava esportes na escola, mas ainda não sabia o valor do dinheiro. Me recordo que pedi para minha mãe uma calça de veludo, que estava na moda. Ela disse que falaria com meu pai e quem sabe daria para comprar no próximo mês. Foi quando descobri que era muito humilde por não poder comprar aquela calça. Me lembro de uma cacharrel amarela que usava quando saía. Era bem fora da moda, mas era o que eu tinha.

Aos 15 anos, ganhei minha primeira moto e bati. Meu pai, muito rigoroso, não poderia saber, por isso pedi ajuda a meu amigo para pagar o conserto. Comecei a vender tênis modelo "chinesinho" para pagar a dívida do conserto da moto. Não me recordo em números, mas vendia bem. Foi aí que descobri algo muito importante na minha vida: era um monstro em vendas. Comecei a vender também camisetas que um amigo do colégio fazia. Depois de um tempo, aprendi a fazer e me tornei fabricante das minhas peças de roupa.

Reflita sobre suas experiências passadas, *hobbies* e atividades que fazem sentir-se realizado. Avalie *feedbacks* recebidos de amigos, familiares e colegas sobre suas habilidades. Identifique paixões que contribuíram com o sucesso que você faz hoje. O que você faria mesmo que não fosse remunerado por isso? Suas paixões, frequentemente, revelam áreas em que pode ter

---

1 Loja de Departamentos muito conhecida em São Paulo. Fundada em 1913.

habilidades naturais. Esteja disposto a sair da zona de conforto. O crescimento, muitas vezes, ocorre quando enfrentamos desafios. Seja aberto a novas experiências e aprendizados.

Com isso, veio a pressão da minha família para que eu tivesse a "tal segurança". Meu pai tinha em mente CLT e se apegava à segurança e à estabilidade. Então, comecei a trabalhar em banco e aprendi o que é *networking*; passei a vender para todos no banco.

- **Mantenha uma mentalidade positiva:** acredite em suas capacidades e mantenha uma mentalidade positiva. O otimismo e a confiança em suas habilidades podem impulsionar seu sucesso.
- **Seja adaptável:** esteja disposto a se adaptar às mudanças. O mundo está em constante evolução, e ser adaptável permite que você aproveite as oportunidades que surgem, mesmo quando não seguem exatamente o plano inicial.
- **Persistência e paciência:** o desenvolvimento de habilidades leva tempo. Seja persistente e paciente. Não desanime diante dos desafios, pois a jornada para aprimorar seus talentos pode ser gradual.

Lembre-se de que cada pessoa tem habilidades específicas, e a jornada de autodescoberta e desenvolvimento é única para cada um. Ao investir tempo e esforço em lapidar seus dons, não apenas estará mais preparado para aproveitar as oportunidades, mas também construirá uma base sólida para alcançar suas metas e suprir suas necessidades.

Aos 18 anos, saí do banco contra a vontade do meu pai. Com o dinheiro da rescisão, montei minha confecção com camisetas e, também, com shorts. Vendi muito, mas não recebi. Conclusão: adquiri uma dívida que precisei da ajuda de meu pai para quitar. Voltei a procurar emprego, mas novamente não fiquei por muito tempo.

Em 1990, fui convidado para ser representante na empresa de tecido em que comprava para fabricar minhas roupas. Ali, iniciei minha carreira de sucesso. Abri uma cartela de clientes, fiz muitas amizades e ganhei muito dinheiro. Ao aceitar o convite para ser representante na empresa de tecidos, demonstrei disposição para explorar novas oportunidades.

- **Construção de relacionamentos duradouros:** a amizade que eu havia construído com os confeccionistas coreanos ressaltou a importância dos relacionamentos no mundo dos negócios. Relações sólidas não apenas facilitam transações comerciais, mas também criam um ambiente propício para parcerias a longo prazo.
- **Identificação de oportunidades de mercado:** minha capacidade de transformar a representação na empresa de tecidos em uma carreira de sucesso indica a habilidade de identificar oportunidades de mercado. Estar atento às necessidades do mercado e adaptar-se a elas é fundamental para o sucesso duradouro.

Em 2000, montei uma sala no Bom Retiro com tecidos pintados à mão. Sentia que tinha uma demanda recolhida no mercado. Inovei no mercado com algo que os vendedores queriam e não tinham. Em três anos, já estava em um espaço de 600 m². Ter confiança em meus dons e nas minhas habilidades de vender, além da confiança em meu potencial, foram o elemento-chave para o empreendedorismo.

A percepção de que havia uma demanda reprimida no mercado destaca a importância de estar atento às necessidades dos consumidores. Identificar lacunas e oportunidades é crucial para o sucesso de qualquer negócio. Minha decisão de oferecer tecidos pintados à mão inovou no mercado e preencheu uma lacuna que os consumidores estavam buscando. A capacidade de trazer algo novo e exclusivo é uma estratégia poderosa.

Em 2004, os coreanos aprenderam a técnica e já não era mais novidade. Precisava inovar novamente. Como eu era representante de tecidos estampados e as fábricas começaram a fechar, consegui estampar em mesa e inaugurei a Color Story, que se tornou a Brand em 2005.

Em 2006, ganhei meu primeiro investidor, que injetou meio milhão na empresa. Apesar de ser bom empreendedor, não era bom gestor e meu investidor foi embora em 2008. Mesmo com as dificuldades econômicas, não desisti, e a Brand foi crescendo. Em 2014, minha filha Bruna, formada em moda, veio trabalhar comigo como Auxiliar de Estilo, ganhando cada vez mais seu espaço.

A integração de Bruna na empresa demonstra a harmonia entre tradição e renovação. A habilidade de incorporar novas gerações é crucial para a continuidade e a vitalidade de negócios familiares. O crescimento e amadurecimento de Bruna na empresa destacam a importância do desenvolvimento pessoal e profissional contínuo. Sua jornada ressalta como a aprendizagem constante e a busca por aprimoramento podem levar ao sucesso.

A maneira como Bruna conquistou seu espaço com maestria sugere não apenas habilidades técnicas, mas também competências interpessoais e uma abordagem estratégica. Essas são características essenciais para avançar em qualquer função. Tenho muito orgulho dela.

Na crise de 2014 a 2017, enquanto meus concorrentes estavam decaindo, a Brand crescia 20% ao ano. Descobri que a chave do sucesso é o atendimento. A habilidade de identificar e focar no atendimento ao cliente durante um período de crise econômica demonstra uma compreensão profunda quanto ao papel fundamental que a satisfação do cliente desempenha no sucesso empresarial.

Portanto, ao priorizar o atendimento ao cliente em um período de crise, você reconhece que, mesmo em tempos difíceis, a satisfação do cliente é crucial. Essa priorização pode ter contribuído significativamente para a resiliência e crescimento da Brand, quebrando paradigmas tradicionais. A decisão de quebrar o paradigma do conflito entre dono e cliente era notável. Ao adotar uma abordagem mais colaborativa e centrada no cliente, criamos um ambiente onde ambas as partes podiam se beneficiar mutuamente.

Nossa abordagem sugeria um foco na experiência do cliente. A criação de uma experiência positiva não apenas retém clientes existentes, mas também atrai novos, mesmo durante períodos econômicos desfavoráveis. O atendimento excepcional ao cliente é muitas vezes a base para a construção de relacionamentos de longo prazo. Sua abordagem pode ter fortalecido os laços com os clientes, criando lealdade mesmo quando a concorrência estava lutando para sobreviver.

Ao quebrar o ciclo de conflito entre dono e cliente, você demonstrou empatia e comprometimento com a satisfação dele. Esses valores contribuíram para a construção de uma reputação sólida para a Brand.

Em 2016, meu filho, Marcelo, formado em marketing, veio trabalhar na Brand e iniciou no operacional. Assim como a Bruna, ele foi conquistando seu espaço e hoje está na função de *controller*. A história de Marcelo na Brand é um testemunho do sucesso e da progressão que pode ocorrer quando talento, habilidades e paixão se alinham.

O fato de Marcelo ter começado no operacional e, posteriormente, ter assumido a posição de *controller* destaca sua capacidade de diversificar habilidades. Essa versatilidade é crucial em ambientes empresariais dinâmicos. A progressão de Marcelo, indo do operacional para a função de *controller*, é uma evidência de sua habilidade em aprender e crescer dentro da empresa. Essa promoção interna também ressalta a confiança que a Brand tem em nutrir talentos internos.

A formação em Marketing combinada com a progressão na Brand sugere que Marcelo está comprometido com o desenvolvimento contínuo de suas habilidades. A busca constante por aprimoramento é fundamental para o sucesso a longo prazo. Bruna e Marcelo são meus braços e, sem eles, não conseguiria seguir.

Entramos na era digital, com máquinas modernas, superimpressoras de tecidos e equipe especializada. E a Brand não para de crescer. Com a pandemia em 2020, deixei de ser CEO de números e passei a CEO de pessoas. Em 2021, promovi "O Café com pais", um evento para que os funcionários pudessem levar a família para conhecer a empresa e ter orgulho do espaço em que trabalham. Com direito a barracas e até a uma moeda própria, Brand Coins. Produzimos e doamos mais de 20 mil máscaras, tecidos estampados para algumas confecções que fizeram pijamas para quem contraiu o vírus da covid-19.

Essa adaptação durante a pandemia para se tornar um "CEO de pessoas" é notável e reflete uma compreensão profunda quanto à importância de cuidar dos colaboradores e da cultura organizacional. Algumas lições valiosas e aspectos notáveis dessa mudança incluem:

- **Transição para um líder centrado em pessoas:** a decisão de deixar de ser um "CEO de números" para se tornar um "CEO de pessoas" indica uma mudança de foco em direção ao bem-estar e satisfação dos colaboradores. Essa transição é vital, especialmente durante desafios como a pandemia.
- **Inclusão da família dos funcionários na empresa:** a integração da empresa com a família reflete a valorização dos laços pessoais e a criação de um ambiente mais próximo e colaborativo. Essa integração pode contribuir para uma atmosfera de trabalho mais acolhedora.
- **Eventos de integração e celebração:** a realização de eventos como um "Café com os pais" dos funcionários e uma festa junina na empresa demonstra um esforço significativo para promover a integração e a celebração entre os

membros da equipe. Esses momentos fortalecem os laços e promovem um ambiente positivo.

Meu pai me deixou uma mensagem para a vida quando eu tinha oito anos de idade. No mercado, pedi a ele que comprasse castanha-de-caju. Diante da recusa, peguei uma castanha, coloquei no bolso e levei para casa. Assim que ele percebeu, me levou novamente ao mercado e disse que eu havia roubado uma castanha. Diante do gerente, me fez pedir perdão e dizer que nunca mais faria aquilo.

Em 2022, o valor médio do tecido elevou a Brand ao patamar dos melhores do Brasil. Ao elevar o nível e o valor médio dos tecidos, você está se diferenciando da concorrência. Isso pode atrair clientes que buscam produtos de alta qualidade e estão dispostos a pagar mais por essa diferenciação.

A melhoria na qualidade dos tecidos contribui para uma percepção de marca premium. Os consumidores associarão sua marca a produtos de alta qualidade, o que pode fortalecer a lealdade do cliente e atrair novos clientes.

Produtos de alta qualidade muitas vezes estão menos sujeitos à sensibilidade do preço. Ao posicionar seus tecidos como os melhores do Brasil, você pode enfrentar menos pressão para competir exclusivamente com base no preço, aumentando a margem de lucro.

Clientes que valorizam qualidade e estão dispostos a pagar mais por produtos superiores serão atraídos por sua oferta. Isso pode levar a parcerias mais duradouras e à construção de uma base de clientes fiéis. Ao definir um novo padrão de qualidade, você pode influenciar e até mesmo criar tendências no mercado. Isso posiciona sua empresa como líder e referência na indústria têxtil.

Possibilidade de expansão internacional

Se a qualidade de seus tecidos for reconhecida como uma referência no Brasil, isso pode abrir portas para a expansão internacional. A busca por qualidade transcende fronteiras e pode atrair clientes globais; hoje, a Brand já tem um *showroom* em Portugal, que é responsável pelas vendas para toda a Europa.

Oferecer produtos de alta qualidade não apenas beneficia o posicionamento da marca, mas também impacta positivamente a reputação da empresa. A reputação positiva pode ser um ativo valioso nos negócios. É fundamental manter um equilíbrio entre qualidade e acessibilidade para garantir que seus produtos atendam às expectativas dos clientes. O reconhecimento da qualidade dos tecidos pode consolidar a posição da sua empresa no mercado e abrir portas para oportunidades de crescimento sustentável.

Em 2023, ampliamos nosso mercado internacional, chegamos à Europa, um continente que tem papel importante na moda mundial. Como buscamos a cada dia inovação para nossos produtos, conseguimos mais parceiros que valorizam a qualidade e a transparência da empresa. O empenho, a garra e o talento do time Brand continua fazendo a diferença nesse difícil e concorrido mercado têxtil. Por isso, somos gratos por cada colaborador e damos voz a todos.

Em 2024, teremos, com certeza, mais um ano de conquistas. Vamos lançar mais tecidos com fibras sustentáveis e diferenciadas. Além da aquisição de máquinas modernas, com uma economia enorme de água.

"Qualquer grande conquista é a somatória de pequenos sonhos"

Não pare nunca de sonhar e realizar.

Nós somos a Brand Têxtil.

06

LAÇOS E SONHOS DE SÁ

Essa é a história de Cleusa de Sá, que enfrentou desafios desde a infância em uma família desestruturada. Após mudanças de cidade, longe da família e enfrentando dificuldades, incluindo a separação dos pais, inicia um negócio inovador. A empresa enfrentou altos e baixos, chegando a falir, mas não desisiu. Casou-se, teve um filho e, após diversas reviravoltas, iniciou uma rede de óticas. Enfrentaram a pandemia, superaram a doença, e, hoje, comemoram o décimo ano do negócio. Cleusa destaca a importância da resiliência, da fé em Deus e do apoio das pessoas para alcançar os sonhos.

CLEUSA DE SÁ

Cleusa de Sá

Empresária do ramo óptico, com duas lojas no interior de São Paulo (Marília e Vera Cruz). Graduada em Gestão de Recursos Humanos (RH), com especialização em Optometria, Contatologia e Técnica Óptica. Formação profissional em programação neurolinguística (PNL), Dale Carnegie e constelação familiar. Esposa, mãe, filha e amiga.

Contatos
cleusa.sa@hotmail.com
Instagram: @sacleusa
Facebook:@cleusasa
Linkedin: Cleusa Sá
14 99665 4088

Sou Cleusa. O dia 18 de agosto de 1971 foi o escolhido por Deus para que eu chegasse ao mundo. Sou a quinta filha de seis irmãos. Minha mãe é a D. Maria, mulher forte e determinada. Meu pai, sr. Maximino (*in memorian*), trabalhador e "brabo".

Nasci em uma família desestruturada, em que meu pai descontava suas dores espancando minha mãe e meu irmão, também disciplinava os animais para que nós pudéssemos ver do que ele seria capaz caso se desagradasse com algo que fizéssemos.

Quando criança, idade próxima aos cinco anos de idade, sofri o primeiro grande impacto na minha vida: o falecimento de meu irmão caçula. Vi meu pai chorar pela primeira vez. Sem compreender, me aproximei e perguntei o porquê daquelas lágrimas. Ele me disse que era por causa da morte do meu irmão. Naquele momento, perguntei: "*E se fosse eu?*". Ele me pegou no colo (primeira vez que isso acontecia) e me disse: "*Se fosse você, eu morreria. De hoje em diante, será a nenê do pai!*". Isso me encheu de alegria, ele me notou!

Aqui, podemos perceber grandes falhas no contexto familiar por parte da minha educação afetiva; eu era uma criança e já mostrava carência de atenção. Meu pai (adulto) alimentou essa carência, mostrando falhas emocionais que, mais tarde, afetariam toda a família. Um pai que não cumpre seu papel, não desenvolve afeto com as crianças, registrando uma ausência psicológica na vida delas, contribui para que desenvolvam traumas emocionais ao longo do seu crescimento, tais como baixa autoestima, comprometimento da saúde física, medo excessivo, baixa qualidade de vida e outros. Já Rodrigo Fonseca, presidente e fundador da Sociedade Brasileira de Inteligência Emocional (SBie), diz que ser rejeitado é um dos maiores medos do ser humano. *"Durante a infância, somos como uma folha de papel em branco e todas as experiências vividas durante a nossa primeira infância ficam registradas nessa folha, que podemos chamar de subconsciente. A origem de todas nossas emoções está na maneira como vivemos nossos primeiros anos de vida"*, explica ele.

Aos oito anos, me lembro que minha mãe decidiu que, ao menos, eu teria um futuro diferente do de meus irmãos, afinal era a mais nova, e me enviou para São Paulo, onde iria morar com meu tio e meus avós maternos para estudar. Como ninguém me explicou os motivos para essa mudança, me senti desprezada, como se não fizesse parte daquela família, e meu herói (meu pai) não fez nada para impedir que eu fosse, e assim aconteceu. Chegando em São Paulo, meu tio foi demitido e passei a conviver somente com meus avós. Situação financeira muito precária, passamos falta até de alimentos. São Paulo era muito gelada nessa época, passei frio, sofri *bullying*, rejeição, medo, comparações, era o patinho feio, mas não relatava nada a meus pais, pois tinha em mim que eles não se importavam. Foi uma fase muito doída da minha vida, quantos bloqueios foram criados e quanta revolta com Deus. Isso perdurou por quatro anos.

Aos 12 anos, minha situação se complicou ainda mais com o atropelamento da minha avó. A família, então, decidiu que eles deveriam ir para Marília, pois, assim, seria mais fácil cuidar deles. Fui junto e fiquei mais um ano com eles. Nessa época, meus pais moravam em uma fazenda próxima a Marília, e eu tinha que terminar a oitava série. Foi nesse período que as dúvidas da minha mãe em relação ao meu pai se concretizaram: ele tinha um outro relacionamento há 20 anos! E pior: fazia parte da família! Foi um choque para todos. Sofrendo, ela prometeu que, quando eu completasse 18 anos, iria se separar dele.

Aos 15 anos, fui estudar em uma escola para cursar o ensino médio. Lá, todos se conheciam, e eu era a novidade. Sentei-me bem próxima a um mocinho de olhos azuis e muito educado, o Izidoro. Ele se tornou meu grande amigo e confidente, eu me tornaria o seu cupido. De grandes amigos, nos tornamos namorados, ele com 19 e eu com 18 anos, e esse amor encontrou muitas barreiras.

Quando completei 18 anos, minha mãe cumpriu sua promessa, porém, fui eu quem teve de comunicar a decisão dela. Vi meu pai chorar pela segunda vez. Eles se separaram e meu pai foi viver em outra cidade. Nessa época, sim, passamos fome, somente minha mãe trabalhava, pagávamos aluguel, morávamos minha mãe, meus irmãos e um amigo da fazenda de onde nascemos. Quanta dor! Ele não acreditava que isso aconteceria, de fato, um dia. Nessa época, Izidoro foi um grande suporte. Meus irmãos estavam todos casados e eu e minha mãe morávamos ainda na mesma casa. Com muita dificuldade financeira, mantínhamos o namoro; da minha parte, tudo que ganhava usava para comer e pagar o aluguel e, da parte dele, também não era diferente. Em meio a tudo isso, a empresa em que eu trabalhava, líder no ramo óptico e a maior da América Latina, tomou a decisão de mudar a sede para São Paulo. Naquele momento, eu ocupava o cargo de coordenadora de tesouraria. Fiz uma linda carreira nessa empresa, aprendi muito, mas decidi não seguir e fui desligada.

Aos 25 anos, após sair da empresa, decidi que iria empreender. Meu sonho era montar uma ótica, sonho adiado por influência da minha irmã e uma amiga dela para montarmos uma empresa a três. A empresa foi constituída no ramo de artigos para embalagens. Desenvolvemos uns sacos de presente em TNT e precisava de uma fita para fechar essa embalagem, não podia ser nada muito caro, teria que ser viável. Fomos para a 25 de março e, lá, encontramos um produto por nome de entretela, usado para golas de camisas. Compramos uma bobina, cortamos com faca de mesa e colorimos; nascia ali um novo produto, criamos algo que não havia no mercado. Para nosso espanto, a fita se destacou e ganhou notoriedade como um produto novo. A sociedade de três mulheres não tinha muita força e se desfez meses após seu início, ficando apenas eu e minha irmã. Crescemos e, com isso, vimos a necessidade de termos um local apenas para a empresa. Eu e Izidoro, nessa época, adquirimos uma casa popular de 40 m2, e como não tínhamos como pensar em nos casar, decidi mudar a empresa para lá. Tudo tomou uma proporção muito grande, estávamos vendendo para todo o Brasil, muitas transportadoras parando para transportar nossas fitas decorativas. Tivemos, então, um convite para expor em uma feira em Milão. Isso nos fez pensar em industrializar o produto, pois tudo era feito de maneira muito artesanal e, se chovia, não trabalhávamos. Decidimos investir, construindo um equipamento que não havia no mercado. Lá se vai todo capital de giro. Tínhamos uma empresa em crescimento, 11 funcionários diretos e o dobro de funcionários indiretos. Só que isso começou a incomodar os vizinhos. Foram muitas as denúncias. Do primeiro protótipo até a conclusão da máquina, foram três projetos. Ficamos sem nada de dinheiro, e com uma vizinhança que, literalmente, nos jogava pedras e fazia abaixo assinado para nos tirar de lá.

Os anos foram passando e nosso amor sobrevivendo a todos os revezes, não tínhamos como fazer planos futuros. Para piorar nossa situação, tive um desentendimento com meu irmão mais velho, que, separado, volta a conviver na mesma casa que eu e minha mãe. Em uma noite, ele chega alterado, brigamos e decido sair de casa.

Para onde vou? Para a casa onde está a empresa, num quartinho minúsculo, eu, a Gabi (minha gata) e Deus. Tempos difíceis, não tinha nada além de uma cama, um armário, uma TV pequena e uma geladeira. Viver de forma muito desconfortável e com dificuldades e ver que o Izidoro não tomava uma atitude acabou fazendo com que nos separássemos. Sofremos muito, ele entrou em desespero, eu fiquei com muita raiva dele e, daquela situação em diante, eu decidi que não queria mais vê-lo. Isso foi em março de 1999. Ficamos separados por 30 dias. Deus tinha um plano para nós dois juntos.

Aos 28 anos, em uma certa noite, ele voltou a me procurar. Estava com os cabelos e barba grandes, por fazer, meio largado. Ao revê-lo, a raiva sumiu, o amor renasceu com toda força e, naquela noite, marcamos a data do casamento: dia 25 de setembro de 1999. Não tínhamos nada, somente a casinha na qual a empresa estava constituída. O que fazer? Deus estava conosco, e o que não conseguimos fazer em nove anos e meio de namoro, em cinco meses fizemos. Como a empresa estava em nossa casa, acordamos com minha irmã que seria correto que nosso aluguel fosse pago pela empresa. Houve uma mobilização para nos ajudar, mobiliamos a casa, fizemos uma recepção para a família e ainda fomos viajar em lua de mel. Todos os irmãos nos ajudaram, até aquele com quem eu havia discutido. Casamos! Tudo estava indo bem...

A nossa vida juntos estava perfeita, a empresa indo bem, mas os vizinhos não davam trégua. Tínhamos, como patrimônio da empresa nessa ocasião, dois carros zero, um terreno ainda sem quitar, a máquina que já estava pronta para rodar e muitos pedidos a serem entregues. Conversei com minha irmã e decidimos que o melhor a ser feito seria, de fato, mudar a empresa de lugar. Ao mudar, percebemos que a nova sede da empresa não dispunha de energia para rodar o equipamento, e tivemos de solicitar à companhia elétrica a instalação. Da mudança até a instalação da máquina, passaram-se três meses, os clientes foram embora, os bens foram vendidos para pagar os funcionários que nos levaram à justiça, e ainda contraímos uma dívida gigante. Mas não deixamos a coisa ruir. Fiz contato com um grande empresário da região da 25 de março, em São Paulo, que me chamou para uma reunião, ocasião em que encomendou um pedido para o natal de 2000 rolos de fitas. Nós, na emoção de recomeçarmos, sequer nos atentamos que, na verdade, o pedido era de 2000 rolos de cada cor. Isso nos colocaria no jogo novamente. Porém, ainda não era dessa vez... Um ex-colaborador nosso foi trabalhar no concorrente e, sabendo da nossa real situação, instigou seu novo patrão a arrematar todos os nossos equipamentos que foram a leilão. Isso aconteceu exatamente quando estávamos para concluir esse pedido que mudaria tudo. Eu pedi, até implorei, mas eles, irredutíveis, levaram as máquinas e não conseguimos honrar o compromisso. Até conseguimos recuperá-las posteriormente, mas já havia passado o prazo estipulado pelo cliente. Falimos e eu estava grávida, e a gravidez era de risco.

Em 2001, Lucas nasce. De novo, enfrentamos uma grande dificuldade financeira. A empresa, sem força, não consegue manter nosso aluguel, o que nos obrigou a mudar para nossa casa, aquele lugar onde as pessoas fizeram abaixo assinado para nos tirar. Para entrarmos na casa, precisaríamos construir pelo menos um quarto. Sem dinheiro, Izidoro teve que vender sua moto, uma relíquia, que ele gostava demais e dizia ser invendável. Fomos de carro zero a um fusquinha, que cheirava a gasolina, fazia um trupe danado. Eu me sentia muito culpada, chorava escondida no banheiro para que ele não visse. Muitas foram as vezes em que ele saía de casa para trabalhar debaixo de chuva, ficamos a pé, mas ele nunca me acusou. Mesmo nesse local, que remetia a tantas histórias de dor, fizemos, da nossa casa, nosso lar, nosso filho jamais sentiu minha tristeza ou frustação; conseguimos, sim, transferir valores cristãos e morais, que guiam nosso filho até hoje. Aprendi aqui que temos que saber dialogar com Deus e ser preciso na forma de pedir (nas minhas orações a Deus, eu pedia ao menos um fusca, e Ele me mandou exatamente o que pedi).

Algum tempo depois, vendemos nossa empresa e, com o valor, investimos em um restaurante, o sonho da minha irmã. Servíamos, nessa época, 300 refeições no café da manhã, 300 no almoço e 300 no jantar, tudo para uma construtora que estava na cidade. Foi um ano sem folga, trabalhando de domingo a domingo. Nesse negócio, conseguimos pagar todas as nossas dívidas e encerramos as atividades quando a construtora encerrou as obras. Nesse momento, também encerrei a sociedade com minha irmã.

Aos 39 anos, voltei ao mercado de trabalho, concluí minha faculdade de RH e voltei ao ramo óptico, trabalhando em um laboratório. Neste local, o sonho de empreender voltou e comecei a vislumbrar a possibilidade de ter uma ótica, aquele sonho lá do início. Conheci minha futura sócia, que se tornou uma grande amiga e partilhei com ela o desejo de montar algo. Concretizei esse desejo também com a ajuda de uma funcionária, que dizia ter muito conhecimento no ramo e que estava de saída do laboratório.

Aos meus 42 anos, em dezembro de 2013, inauguramos nossa primeira loja (eu, minha sócia e a ex-funcionária do laboratório, que permaneceu por pouco tempo, saindo três meses após a inauguração). Minha sócia só consegue vir em definitivo para loja cerca de um ano depois.

Tínhamos muitos planos, e um deles era tornar nosso negócio uma franquia. Em um ramo que causa muita desconfiança nas pessoas, por haver muita enganação e mentira, nos mantivemos fiéis ao nosso propósito e missão: nos preocupar verdadeiramente com as pessoas e fazer nossos clientes verem o mundo como ele é, com muita tecnologia, estilo e qualidade de vida. Escolhemos o caminho mais bonito, não o mais fácil e, sem recursos, isso ficou ainda mais desafiador.

A segunda loja foi inaugurada em 2019 na cidade de Buritama e, algum tempo depois, minha sócia mudou-se para lá com a família. Não foi nada fácil tudo que vivenciamos ao longo desses anos. Muitas foram as lutas e a vontade de desistir. Para diminuir as despesas, mudamos a loja de Marília de local em fevereiro de 2020.

Pandemia – loja em local novo, linda, bem montada, tivemos que fechar. O covid-19 chega em minha família. Eu, Izidoro e Lucas contraímos o vírus simultaneamente. Quase perdi o amor da minha vida. Nada mais fazia sentido. Abandonei tudo e fui cuidar dele. Quanto desespero! Lucas teve uma leve febre, eu uma dor no corpo, e com Izidoro estava tudo bem até o 8º dia. Depois disso, veio um tsunami na nossa vida: Izidoro teve febre alta, pulmão muito comprometido e quase foi entubado. Isso só não aconteceu por não haver leito disponível. Acreditamos que isso salvou sua vida, pois, em casa, reclusos, nós três e Deus, vencemos!

Voltei à vida depois da recuperação do meu amor, e recomeçamos o projeto Óticas de Sá, não desistimos.

Logo em seguida, veio a terceira loja, em Herculândia/SP, e, neste ano de 2023, a quarta loja, na cidade de Vera Crus/SP. Porém, no dia 05 de outubro de 2023, minha sócia e eu decidimos encerrar a sociedade, mantendo os laços que nos uniram, de amizade e respeito. Optamos por seguir nossos sonhos separadas.

Este ano, em dezembro, comemoraremos o décimo ano da rede Óticas de Sá, e não pretendo parar por aí.

Quanto à família, estamos bem: Izidoro se aposentou e realizou seu sonho de ministrar treinamentos em sua área de atuação (ah, ele reconquistou a moto que desejava). Lucas é um filho abençoado, que nos enche de orgulho; está com 22 anos, namorando e concluirá a faculdade agora em dezembro. Eu acredito que posso mais e estou aqui a escrever minha história para fazer você acreditar que é possível.

Em meio às tempestades da vida, a resiliência e a fé em Deus são âncoras poderosas; e as pessoas que nos apoiam são os ventos que nos impulsionam a seguir em frente. Você crê? Qual o tamanho do seu sonho e da sua fé?

Referências

IBND. *Síndrome do pai ausente e complexo de Édipo: entenda*. Disponível em: <https://www.ibnd.com.br/blog/sindrome-do-pai-ausente-e-complexo-de-edipo-entenda.html#:~:text=Um%20pai%20que%20n%C3%A3o%20cumpre,qualidade%20de%20vida%20e%20outros.>. Acesso em: 12 dez. de 2023.

SBIE. *O impacto emocional causado pela ausência do pai na infância segundo a psicologia*. Disponível em: <https://www.sbie.com.br/o-impacto-emocional-causado-pela-ausencia-do-pai-na-infancia-segundo-psicologia/>. Acesso em: 12 dez. de 2023.

07

ALÉM DO FOCO

Da infância desafiadora a fotógrafa e palestrante. Minha vida é um testemunho de determinação, foco e fé. Trabalhei, desde cedo, para sustentar minha família, enfrentei obstáculos, casei e, com perseverança, construí uma história de vida. Minha jornada é um convite para outras mulheres acreditarem em seu potencial e buscarem o sucesso, mesmo diante das adversidades.

GAL BRANDÃO

Gal Brandão

Paulista, mas alagoana de coração. Graduada em Design de Interiores pela Universidade Tiradentes (UNIT-AL). Fotógrafa e sócia do estúdio Chico Brandão ao lado do seu marido, também fotografo, Chico, especialistas em capturar momentos que contam histórias para eternizar. Consultora imobiliária, palestrante e apaixonada por moda, já tendo criado algumas coleções.

Contatos
gal@chicobrandao.com.br
Instagram: @galbrandao
Facebook: @galbrandao
82 99444 8230

Nasci em Osasco, São Paulo, em meio a uma realidade desafiadora, numa família de pais nordestinos que foram para a cidade grande buscar melhor qualidade de vida. Minha mãe, dona de casa, meu pai, marceneiro autodidata. Para meu pai, não era fácil conciliar a profissão ao seu vício pela bebida alcoólica, em que os humores eram invertidos facilmente.

Sou a segunda de sete irmãos. Desde cedo, percebi que a vida seria um desafio. Aos sete anos, uma reviravolta: fui enviada para Maceió, Alagoas, para fazer companhia a minha avó, que era viúva. A adaptação não era fácil. Eu, muito criança, separada de minha família e com uma responsabilidade que não era minha, e tive que assumir. A volta a São Paulo, aos dez anos, não trouxe estabilidade familiar, apenas persistência na adversidade.

Aos 13 anos, minha mãe optou por retornar definitivamente a Maceió. Eu e sete irmãos, atitude impensável, não estávamos preparados financeiramente para esse retorno; meu pai perdeu seu emprego e, voltando para o nordeste, jamais teria a oportunidade de crescimento como teve em São Paulo; era nosso sustento, houve muita resistência por parte dele. Mesmo assim, fomos morar com minha avó, e não teríamos mais nossa casa própria. Foi assim que meu pai se entregou totalmente ao alcoolismo.

Uma sombra que pairava sobre todos nós. Ele adorava filmes de faroeste/cowboy. Tinha lá seus momentos afetivos do jeitinho dele. A falta de afeto, proteção paterna e a vivência de situações de escassez na infância podem ter impactos significativos no desenvolvimento emocional, social e cognitivo da criança. Os efeitos dessas experiências podem variar de indivíduo para indivíduo, mas algumas tendências comuns podem ser observadas.

A criança pode experimentar uma carência emocional significativa devido à falta de afeto e proteção. A ausência de um ambiente afetivo e seguro pode afetar a formação de vínculos emocionais saudáveis. A falta de proteção paterna pode resultar em sentimentos de insegurança e instabilidade. A presença do pai desempenha papel crucial na criação de um ambiente seguro para a criança.

Em Maceió, vivemos por dois anos na casa da minha avó, até nos mudarmos para uma casa de Taipa da qual meu pai era herdeiro, marcando uma fase de transição e certo descontentamento. Aos 17 anos, em um club hotel, meu destino se cruzou com o de Chico, um jovem de uma realidade diferente. Eu era funcionária do Clube e ele sócio, frequentava a academia do clube. O que começou com uma amizade sólida, floresceu para um amor que desafiou preconceitos. Chico, vindo de uma família bem-sucedida, ousou quebrar os estereótipos de "príncipe e plebeia" por decidir que ficaríamos juntos.

Visto que seria julgada pela diferença de classe social, logo me posicionei com ele; combinamos que trabalharíamos e construiríamos nossa história juntos, e ele topou. Decidi sair de casa e fomos morar juntos em uma casa que ele já possuía. Chico trabalhava com o pai, mas, mesmo tendo uma vida confortável, desde os 14 anos já vislumbrava sua independência financeira, começando a trabalhar com filmagem nessa época até seus 21 anos. Já eu, era vendedora do maior shopping da cidade (loja Fórum e Zoomp).

Nesse período, Chico ficou desempregado e eu permaneci trabalhando. Até que a ideia de ele se dedicar à fotografia fez com que aparecesse uma baita oportunidade. Eu o incentivei, apesar dele estar receoso. Tratava-se de um evento enorme, Desfile da marca Forum, que aconteceu no Porto de Maceió. Eu o convenci de que daria tudo certo e ele aceitou, mesmo achando uma loucura da minha parte. Fomos e fizemos o evento e foi um sucesso. Logo em seguida, ele foi chamado para vários eventos, incluindo São Paulo Fashion Week, e nasce o fotografo "Chico Brandão"

Aos 13 anos de união, e dez anos na tentativa de engravidar sem muito sucesso, enfrentamos uma gravidez de risco da nossa filha, Letícia. Perseveramos nas dificuldades financeiras, o tratamento era muito caro, entreguei nas mãos de Deus e que fosse feita a sua vontade. Eu trabalhava em shopping, dependia de vendas, então não podia parar, e vivia com prescrição médica, de repouso, mas encontrei verdadeiros anjos em minha vida, meus patrões, que me deram total assistência até o final da gravidez, e assim nasceu nossa Letícia, nome cujo significado é "ALEGRIA", e não foi diferente, as portas se abriram para uma nova história de sucesso em nossas vidas.

Em nossa cidade, todas as grandes festas e eventos contratavam um fotógrafo de outro estado. Eu e Chico já éramos de uma ambiência de networking com certa relevância. Isso nos levou a um ser humano incrível, uma noiva maravilhosa, filha do vice governador, que, no seu casamento, resolveu quebrar o padrão e não chamar o mesmo fotógrafo de todas as amigas; escolheu o fotógrafo Chico Brandão. As amigas não apoiaram muito, já que os grandes casamentos eram feitos por outro profissional, mas a decisão já estava tomada, marcando o início da nossa consolidação no mercado da fotografia de casamento.

Ressalto aqui alguns pontos-chave que destacam a importância desses elementos para o sucesso conjugal. Uma relação baseada na parceria implica compartilhar responsabilidades, tomar decisões em conjunto e enfrentar os desafios como uma equipe. O apoio mútuo cria uma base sólida.

O casamento, muitas vezes, envolve enfrentar adversidades, sejam elas financeiras, profissionais, de saúde ou pessoais. Ter um parceiro que oferece apoio emocional e prático pode fazer toda a diferença na superação desses desafios.

Em uma relação saudável, os parceiros não apenas apoiam o crescimento individual um do outro, mas também crescem juntos. A capacidade de evoluir como indivíduos enquanto fortalecem a relação é um indicativo de sucesso duradouro.

O sucesso conjugal não está apenas nas grandes realizações, mas também nas pequenas vitórias diárias. Celebrar juntos as conquistas, por menores que sejam, reforça o sentimento de realização compartilhada.

A vida está em constante mudança, os casais bem-sucedidos são aqueles que podem se adaptar a essas mudanças juntos. A flexibilidade em face das adversidades é uma característica importante.

Em resumo, a ideia de que "juntos, somos mais fortes" resume bem a essência de um casamento bem-sucedido. Quando os parceiros se apoiam mutuamente, crescem juntos e enfrentam os desafios com resiliência, podem alcançar um sucesso inacreditável, construindo uma história de amor duradoura e satisfatória.

Com 18 anos de história, uma segunda gravidez de risco se apresentou com a chegada do nosso filho, Gabriel. Mais estruturados, enfrentamos o desafio com alicerces firmes, tanto empresarialmente quanto na vida familiar. O cenário era um pouco melhor, estávamos mais bem preparados. Então, eu poderia me dar ao luxo de fazer repouso sem medo, contando que ainda tinha a Leticia de cinco aninhos para cuidar.

Minha mãe me ajuda a cuidar dos meus filhos até hoje. Ela os ama demais e meus filhos são loucos por ela. A empresa prosperou, nossos filhos cresceram sob os cuidados amorosos de uma avó presente, e nossa reputação se consolidou.

Ao atingir 36 anos de união, Chico e eu decidimos oficializar nosso casamento, buscando a bênção que simboliza nossa jornada única. Chico, um homem trabalhador, marido incrível e pai amoroso, personifica o ápice de uma trajetória de superação, amor e sucesso.

A história de uma mulher preta que, apesar dos percalços, ergueu uma família incrível e se destacou no cenário empresarial é um testemunho de resiliência e determinação. No palco da vida, transformei desafios em oportunidades, construindo minha narrativa de sucesso com amor, respeito e ousadia como pilares.

Hoje, sou uma mulher forte e de personalidade. Uso meu passado como combustível para idealizar meu futuro e o da minha família. Meus filhos são criados com amor e afeto; meu casamento é sustentado por respeito, amor e apoio mútuo. Aprendi que nós, mulheres, podemos e devemos ser protagonistas, impondo-nos quando queremos dizer sim ou não, posicionando-nos quanto ao que nos agrada ou não. Podemos ser mães, esposas, donas de casa e executivas com elegância e convicção, porque somos fortes e determinadas. A minha jornada é um lembrete de que o amor, a resiliência e a ousadia podem conduzir do desabrochar ao ápice.

08

ALÉM DOS NÚMEROS
A JORNADA INSPIRADORA DE UM LÍDER VISIONÁRIO NOS MERCADOS FINANCEIRO E AUTOMOTIVO

Nesta obra inspiradora, compartilho minha jornada de mais de duas décadas nos desafiadores mercados financeiro e automotivo. Além de destacar conquistas profissionais, mergulho em minha evolução pessoal, revelando como enfrentei adversidades com resiliência. O capítulo enfatiza valores fundamentais, como família, integridade e persistência, e se torna um guia inspirador para aqueles que aspiram transcender limites, buscando impactar positivamente o mundo. Uma narrativa envolvente que convida os leitores a explorarem os caminhos da superação e a construção de uma vida significativa, ganhando velocidade rumo ao SUCESSO!

CASSIANO PINHEIRO

Cassiano Pinheiro

Partner & COO da Mais que Cliente. COO da NetCarros. Professor universitário graduado em Administração de Empresas, com MBA em Gestão Estratégica e Econômica de Negócios pela FGV. Carreira consolidada nos mercados financeiro e automotivo, com mais de 25 anos de experiência à frente de operações, planejamento estratégico e relacionamento com o cliente. Liderou uma equipe de mais de 4.000 colaboradores em diversos níveis hierárquicos, contribuindo para o sucesso de 22 filiais no Brasil. Sob sua liderança, alcançou um faturamento anual de 280 milhões. Foi responsável pela estruturação da área de qualidade, desempenhando papel fundamental na definição de conteúdos e programas de treinamentos para líderes. Contribuiu significativamente para a construção da área de planejamento estratégico, oferecendo suporte vital às operações nas tomadas de decisões estratégicas. Liderou a implantação bem-sucedida da jornada digital de atendimento ao cliente, redefinindo padrões no setor. Na indústria automotiva, participou ativamente da construção da jornada *end-to-end* para o segmento de remarketing. Responsável direto pelo desenvolvimento e consolidação do produto Venda Valorada para "clientes inadimplentes" em parcerias com bancos e financeiras, participação ativa na criação de uma plataforma 100% digital para comercialização de veículos seminovos e usados para o varejo. Gestão direta de 4.300 vendas de veículos de atacado e varejo por mês.

Contatos
Cassiano.pinheiro@gmail.com
LinkedIn: Cassiano Pinheiro
Instagram: @Cassio_pinheiro
Facebook: Cassiano Pinheiro
11 94320 8972

Com uma carreira que ultrapassa duas décadas, é impossível não reconhecer a notável trajetória do líder visionário que se destaca nos campos exigentes dos mercados financeiro e automotivo. Com uma bagagem de mais de 25 anos de experiência, este empreendedor incansável tem deixado sua marca registrada em ambos os setores.

No setor automotivo, contribui com diversas soluções fundamentais na transformação do cenário do remarketing automotivo no Brasil. Hoje, como executivo das operações da única empresa que oferece uma jornada *end to end* nesse mercado, temos o compromisso inabalável com a excelência e a inovação.

Além de minhas conquistas no mundo dos negócios, investi em novas competências, me dediquei a ser escritor e palestrante. Minha disposição para compartilhar conhecimento e contribuir para o desenvolvimento humano reflete meu comprometimento com o crescimento não apenas de empresas, mas também de pessoas.

No coração da grande São Paulo, em Diadema, nasceu, em 05 de dezembro de 1977, um profissional cuja trajetória é marcada por determinação. Em uma realidade simples, sempre estive enraizado nos valores fundamentais da vida: humildade, dignidade e respeito ao próximo. Esses princípios moldaram não apenas a minha carreira, mas também minha abordagem com relação à vida. Encontrei inspiração na maior referência de todas – meus pais. Desde muito novo, eles me transmitiram a sabedoria de nunca desistir dos sonhos, mesmo diante das inevitáveis dificuldades e dos desafios que a jornada da vida apresenta.

Me considero um exemplo vivo de como a determinação, aliada a princípios éticos, pode moldar uma carreira e inspirar gerações futuras. Minha trajetória é um farol para aqueles que, como eu, acreditam que os sonhos são o combustível que impulsiona a jornada da vida.

Minha essência

Nascido e criado em um bairro simples, durante a efervescente era dos anos 1980, minha infância foi moldada pelos jogos de rua, pipas nos céus e bolinhas de gude traçando caminhos no asfalto. Em meio a essa simplicidade, a escola pública era minha realidade, como era para muitas crianças da época.

Minhas lembranças mais preciosas estão entrelaçadas com a figura de minha mãe, Vera, dedicando-se a encapar meus cadernos, preparar minha lancheira e auxiliar nos deveres de casa, enquanto, simultaneamente, arrumava o cabelo de minha irmã, Amanda. Nossa jornada até a escola era uma caminhada longa e animada, repleta de aprendizado e risadas.

Meu pai, Carlos, sempre foi a personificação do trabalhador incansável, combinado com um senso de humor cativante. Sua chegada diária em casa era um espetáculo aguardado, com uma bala no bolso que representava o mais valioso presente que poderíamos receber naquele momento. Minha família era a base de tudo, um alicerce sólido onde o incentivo à educação se destacava como prioridade, mesmo diante das dificuldades.

Embora não fôssemos uma família com recursos abundantes, éramos ricos em alegria, união e, acima de tudo, saúde.

As festas de Natal eram verdadeiros momentos de celebração, em que nos sentávamos à mesa para compartilhar uma ceia espetacular. O esforço árduo de meus pais se traduzia na fartura diante de nós, resultado de dias e meses dedicados ao trabalho deles.

O exemplo de minha família não apenas moldou meu presente, mas também semeou as sementes para um futuro fundamentado em princípios sólidos e inquebráveis.

Desde os primeiros passos da infância, meu espírito de liderança se destacava, a busca pela perfeição e a alegria de ensinar superavam até mesmo a vontade de brincar. O diálogo e a negociação eram meu terreno fértil, mesmo com pouca idade, argumentar e compreender situações eram combustíveis para minha alma inquieta por saber sempre mais.

Com cerca de 12 anos, já nutria o desejo de trabalhar, impulsionado pelo anseio de contribuir com minha família e comprar meu próprio lanche na cantina escolar. Foi nesse momento que chamei minha mãe e disse: "Eu quero trabalhar!".

Na mesma rua, havia uma borracharia de um conhecido do bairro, Luis Henrique. Fui até ele e, mesmo sendo pequeno e magro, propus minha ajuda. "Posso fazer outras coisas, limpar, atender clientes. Não preciso de muito, só quero a chance de trabalhar". Esse foi o ponto de partida. Aos 13 anos, eu abria e fechava a borracharia; aos finais de semana, vendia sorvetes nas ruas com minhas tias, Sirlene e Eliane, trabalhava em brechós com amigos, trocávamos ferro e garrafas em ferro-velho para ganhar o dinheiro do dia.

Essas experiências, marcadas por perseverança, criaram raízes profundas em minha jornada.

Aos 14 anos, era hora de buscar um emprego formal, e com minha carteira profissional em mãos, meu tio Ed, por meio de um amigo, conseguiu uma vaga para mim no McDonald's no centro de São Paulo. Naquela época, com 14 anos, ficava duas horas para ir e duas horas para voltar de ônibus. Ali, vivenciei uma das maiores experiências da minha vida. Posso dizer que ali nos tornamos profissionais multidisciplinares em uma verdadeira escola de vida.

A busca incessante por novas experiências me conduziu a um dos primeiros empregos típicos da década de 1990: o "executivo das ruas", conhecido como *office-boy*. Iniciei em uma empresa carioca de engenharia no centro de São Paulo, indicado pelo meu amigo André, a equipe consistia apenas em um engenheiro, uma secretária e eu. Durante um ano fui responsável por abrir e fechar o escritório, fazia café, serviços de banco, correios e limpeza dos banheiros.

Porém, uma nova oportunidade surgiu quando Hugo, amigo de meus pais, ofereceu um emprego em uma corretora de valores, uma mudança para um ambiente mais estruturado e com projeção de carreira.

Comecei como office-boy e avancei para a posição de auxiliar de escritório. Nesse período, estava concluindo o ensino médio e vislumbrava possibilidades de crescimento na empresa. A interferência positiva dos meus pais novamente se fez presente, sugerindo que eu fizesse um curso técnico em processamento de dados, oferecendo apoio financeiro para as mensalidades. Ingressei no curso, me formei e conquistei um estágio na corretora na área de T.I.

Contudo, aos 17 anos, uma reviravolta ocorreu quando me alistei no exército, sendo selecionado para integrar as Forças Armadas. Sem escolha, tive que interromper minha carreira por 15 meses. Hoje, compreendo que essa experiência militar foi fundamental, proporcionando uma verdadeira lição sobre disciplina, hierarquia e respeito aos mais velhos.

Durante esse período desafiador, a vida me reservava um presente significativo: aos 18 anos, enquanto servia o exército com uma remuneração modesta, ganhei um presente do papai do céu, me tornei pai do Matheus. Ser pai aos 18 anos representou o maior desafio da minha vida. A partir desse momento, minha responsabilidade não se limitava mais a mim mesmo. Meu foco mudou de direção, não mais centrado na carreira que eu queria, mas nas necessidades de criar um filho.

Esse período foi, sem dúvida, o mais difícil da minha vida. Após sair do exército, enfrentei a falta de emprego, perspectivas limitadas e a necessidade de sustentar meu filho. Por nove meses, minha mãe auxiliou nas despesas, e minha irmã contribuía com os melhores presentes. Meu trabalho como motoboy, embora não fosse financeiramente compensador, era uma tentativa árdua de proporcionar sustento, mesmo que a maioria do meu ganho fosse direcionado ao combustível e à manutenção da moto.

Após um ano de persistência e desafios, um convite abriu uma nova perspectiva em minha jornada. Meu primo, Anderson, proprietário de um pequeno caminhão que utilizava para transporte em uma madeireira, me propôs uma sociedade. Aceitei a oferta e, assim, nascia minha primeira empreitada como sócio operador. Durante dois anos, esse empreendimento não apenas restaurou minhas finanças, mas também me permitiu desfrutar de momentos significativos com meu filho.

Sempre nutri a vontade de empreender, de fazer algo diferente. Com recursos limitados, tomei uma decisão arrojada: adquiri um carrinho de hot dog e o instalei em frente à madeireira. Assim, quando não estava ao volante, estava servindo lanches. Essa dinâmica perdurou por dois anos, período no qual trouxe dois primos, Diogo e Tati, para colaborar, um no caminhão e outro na venda dos lanches.

Histórias singulares que inspiram vol. 3

Estabeleci uma amizade próxima com o gerente da loja, o que culminou em um convite para integrar o time de vendas. Nesse momento de indecisão, considero que Deus novamente abriu uma porta, e essa, para mim, é a mais significativa da minha trajetória profissional.

O início da carreira

Meu amigo Edvaldo, um renomado profissional no mercado de telecomunicações, que havia assumido o desafio de supervisionar uma empresa de recuperação de crédito, me estendeu um convite especial. Após uma ida à igreja e um bate-papo pós-culto, ele compartilhou suas percepções sobre meu potencial inexplorado.

O dilema estava na mesa: o salário proposto era três vezes menor. A questão crucial era: como sobreviver com essa mudança financeira significativa? Orientado pela fé e pelo apoio incondicional da minha família, tomei a decisão de aceitar o convite. Assim, iniciei minha carreira no segmento de cobrança, com um salário fixo modesto de 383 reais, complementado por comissões variáveis entre 150 e 200 por mês.

Hoje, com uma convicção inabalável, afirmo que esta foi a melhor decisão da minha vida!

Nesta incrível jornada, construí uma família abençoada ao lado da minha esposa, Fernanda. Juntos, fomos presenteados com dois filhos lindos, Thiago e Alice. A vida, então, se transformou em uma avalanche de emoções, na qual as responsabilidades profissionais e pessoais se entrelaçavam de maneira intensa.

Profissionalmente, naveguei em todas as posições de liderança na empresa, assumi a gestão de mais de 4.000 colaboradores em diversos níveis hierárquicos, desempenhando papel fundamental no desenvolvimento de novas lideranças. Participante ativo em congressos, feiras e premiações internacionais. Fui responsável pela estruturação da área de qualidade, contribuindo ativamente na definição de conteúdo e programas de treinamento para líderes. Ao longo desse percurso, formei uma equipe especializada em planejamento estratégico, fornecendo suporte crucial para as operações nas tomadas de decisões estratégicas.

Minha expertise se estendeu a estudos de viabilidade e projetos para novas unidades de negócio. Conduzi eficientemente processos de descentralização e centralização das operações, mantendo um foco constante na redução de custos e otimização das rotinas.

Era responsável direto pelo faturamento anual de 280 milhões, abrangendo 22 filiais espalhadas Brasil afora.

O digital

A era digital, marcada por avanços tecnológicos rápidos e mudanças constantes, trouxe desafios singulares para as empresas de *outsourcing*. No início, o desafio primordial residia em aproximar nossas soluções para o cliente. Investimentos significativos foram necessários, mas a incerteza persistia: estávamos realmente atingindo o alvo certo? A resposta chegou com a tecnologia, nossa aliada na mitigação desse risco. Ferramentas avançadas de análise de comportamento de mercado tornaram-se nossas bússolas, revelando tendências e oportunidades específicas para cada produto, região e perfil do cliente.

No entanto, a revolução digital não cessou. A ascensão da multicanalidade impôs um novo paradigma: os clientes escolhem quando e por onde desejam ser atendidos. Diante desse desafio, optei por investir em minha qualificação, matriculando-me no MBA da FGV. Essa decisão estratégica visava equipar-me com competências essenciais para enfrentar as demandas dessa nova geração digital.

Os frutos dessa jornada foram colhidos na implementação bem-sucedida de ferramentas de Multicanalidade nas operações sob minha responsabilidade. Essa iniciativa não apenas otimizou custos, mas também impulsionou a eficiência operacional. Em um prazo surpreendente de oito meses, conseguimos um aumento de 32% no faturamento, acompanhado de uma redução de 41% nos custos diretos.

Essa experiência me trouxe uma oportunidade: ministrar aulas para 4.000 colaboradores, distribuídos por todo o Brasil, em formatos tanto on-line quanto presencial. Esse desafio reacendeu uma paixão há muito adormecida: o prazer de ensinar e compartilhar conhecimento.

Novo futuro

Com uma carreira sólida e reconhecida, o chamado para explorar novos horizontes e empreender chegou. O convite de um amigo, Daniel Romero, empresário e empreendedor em série, atualmente fundador e CEO do grupo DNR. Durante um almoço, que se tornaria um divisor de águas, ele me perguntou: "E aí, quer conhecer um mundo novo?" – foram as palavras que marcaram o início de uma nova jornada, imersa no universo dos veículos e no ciclo de vida de uma das maiores paixões nacionais.

Até então, minha experiência com veículos era superficial, limitada à escolha equivocada de carros pessoais. Após dois anos intensos de trabalho árduo, tornei-me sócio da "Mais que Cliente", uma das empresas do grupo.

Na "Mais que Cliente", construímos soluções inovadoras para grandes bancos e financeiras. Em um período de dois anos, negociamos 55 milhões em inadimplência, intermediando a transação de mais de 2.800 veículos em todo o território nacional. O resultado foi significativo: um aumento de três pontos percentuais no índice de NPS (*Net Promoter Score*), agregando valor e reintegrando o cliente ao ciclo de crédito.

Em 2022, com a "Mais que Cliente" consolidada, recebi um novo convite e uma nova missão: criar uma plataforma de venda de veículos para o varejo com uma jornada 100% digital. Mais uma vez, o digital se apresentava como desafio, especialmente em um mercado tradicional como o de venda de veículos, assim nascia a NetCarros.

Este novo capítulo da minha jornada empreendedora representa não apenas uma evolução, mas um mergulho profundo no futuro digital do mercado automotivo. Navegar por territórios inexplorados, desafiar convenções e criar soluções inovadoras tornaram-se a essência dessa emocionante jornada, na qual o tradicional encontra o digital, e o futuro se revela com cada passo ousado.

Adaptar-se a esses desafios exigiu uma abordagem estratégica e flexibilidade por parte dos envolvidos no mercado de veículos seminovos, desde fabricantes, concessionárias, bancos, seguradoras e locadoras até os próprios consumidores.

No início da minha incursão no mercado de remarketing automotivo, deparei-me com desafios significativos. Contudo, esses desafios iniciais serviram como catalisadores para a aprendizagem rápida e a busca por soluções inovadoras. O entendimento da cadeia de valor do remarketing, desde a retomada do veículo, logística, armazenamento e preparação até a venda e entrega ao novo proprietário tornou-se crucial.

Com o avanço da tecnologia, a jornada no remarketing automotivo abraçou a revolução digital. A implementação de plataformas on-line, leilões virtuais e sistemas de gerenciamento integrados tornou-se imperativa. A automação de processos, como avaliações de veículos, documentação e transações, trouxe eficiência e agilidade ao mercado.

A análise de dados também se tornou uma peça fundamental nessa fase, proporcionando *insights* valiosos sobre tendências do mercado, preferências do consumidor e otimização de estratégias de precificação.

Em meio ao progresso digital, desafios logísticos surgiram. A logística reversa, especialmente ao lidar com devoluções e recondicionamento de veículos, exigiu estratégias específicas. Parcerias eficazes com empresas de logística, armazenamento e centros de serviços foram fundamentais para superar esses obstáculos.

O mercado evoluiu para oferecer uma experiência mais personalizada aos consumidores. A implementação de inteligência artificial e aprendizado de máquina permitiu a personalização de recomendações de veículos com base no histórico de compras e preferências individuais. Esse nível de personalização não apenas aumentou a satisfação do cliente, como também impulsionou as taxas de conversão.

Em resumo, a jornada no mercado de remarketing automotivo é uma narrativa de adaptação constante, inovação tecnológica e resposta eficaz aos desafios do setor. Aqueles que continuam a abraçar mudanças e investir em tecnologias emergentes estarão preparados para liderar a evolução do mercado nos próximos capítulos.

Atualmente, nossas plataformas de vendas comercializam mais de 4.300 veículos por mês. Em 2023, com o compromisso de sempre inovar, criamos o nosso primeiro Centro de Mobilidade NetCarros.

O conceito de um "Centro de Mobilidade" representa um ecossistema dinâmico que transcende a tradicional concepção de veículos para abranger soluções abrangentes para mobilidade. Este centro serve como um ponto focal para inovações, tecnologias emergentes e abordagens holísticas para o futuro da mobilidade.

Oferecemos, além da venda de veículos, carros por assinatura, seguros e consórcio. É um ecossistema colaborativo, serve como um espaço onde diversas partes interessadas, incluindo montadora de automóveis, empresas de tecnologia, startups, instituições financeiras e órgãos governamentais, podem colaborar para impulsionar a inovação e resolver desafios relacionados à mobilidade.

Estabelece uma conexão ativa com a comunidade local, promovendo a conscientização sobre as mudanças na mobilidade, participação em iniciativas de sustentabilidade e colaboração em projetos que beneficiem a população.

Lições extraídas

Ao compartilhar esta trajetória repleta de desafios, conquistas e transformações, o propósito vai além de mostrar superações ou resultados excepcionais. Cada ponto dessa jornada é uma peça única que se encaixa para formar um quadro mais amplo. Permitam-me destacar algumas lições essenciais que extraí desse percurso:

1. Diversidade de experiências

Cada experiência, desde a infância até os desafios profissionais, contribuiu para minha jornada. A diversidade de experiências proporcionou um repertório valioso, uma base sólida para enfrentar os desafios e celebrar as vitórias.

2. Adaptação constante

A era digital trouxe consigo a necessidade constante de adaptação. A capacidade de se inserir em novos cenários e demandas tornou-se uma habilidade crucial.

3. O poder da educação continuada

A busca constante por aprendizado, exemplificada pelas especializações acadêmicas, foi um catalisador para enfrentar os desafios da nova geração digital. A educação continuada é uma ferramenta poderosa na construção de competências necessárias para evoluir com o ambiente em constante mudança.

4. A paixão por ensinar e compartilhar conhecimento

Ao ministrar aulas para colaboradores, redescobri a paixão por ensinar. Essa paixão, enraizada desde a infância, tornou-se uma fonte de gratificação e um lembrete da importância de compartilhar conhecimento.

5. Empreendedorismo e inovação

A transição para o empreendedorismo trouxe consigo desafios únicos, desde a negociação de inadimplência até a criação de uma plataforma de venda de veículos 100% digital. Essa jornada destaca a importância da inovação e da ousadia na busca por soluções diferenciadas.

6. Significado além dos números

Mais do que resultados financeiros, a jornada destaca a importância de agregar valor e impactar positivamente a vida dos clientes. Afinal, é a capacidade de retornar o cliente ao ciclo de crédito e criar soluções inovadoras que marca a verdadeira conquista.

Ao ler estas palavras, não vejam apenas um conjunto de lições prontas para serem copiadas. Encarem-nas como inspiração para criar o próprio modelo, moldado pelos desafios e triunfos que encontrarão em suas jornadas. Encorajo todos a fechar os olhos por cinco minutos, refletir sobre suas conexões e criar as próprias histórias significativas. Este é o verdadeiro desafio que lanço a cada um de vocês.

Ao longo da minha jornada como executivo e empreendedor, acumulei valiosos conselhos práticos que gostaria de compartilhar com aqueles que estão trilhando o caminho do empreendedorismo.

1. Investir em treinamento contínuo

O aprendizado é uma jornada contínua. Invista em cursos, *workshops* e programas de treinamento para manter-se atualizado com as tendências de mercado, tecnologias emergentes e melhores práticas de negócios.

2. Conectar-se com mentores e pares

Estabeleça conexões sólidas com mentores experientes e colegas empreendedores. Compartilhe experiências, aprenda com os desafios dos outros e construa uma rede de apoio que possa oferecer *insights* valiosos.

3. Deixar o ego de lado

Transforme seu ego em uma ferramenta de conexão. Esteja disposto a ouvir, aprender com as críticas construtivas e reconhecer que o sucesso é um esforço coletivo.

4. Focar em conectar pessoas e gerar impacto positivo

Coloque ênfase na criação de relações significativas, colaboração e em como seus empreendimentos podem impactar positivamente a comunidade.

Meu objetivo é inspirar empreendedores a abraçar uma mentalidade de aprendizado constante e colaboração. Sucesso não é apenas sobre cifras financeiras; é sobre a jornada, o impacto nas vidas das pessoas e a contribuição para um mundo melhor.

09

A COLECIONADORA DE HISTÓRIAS

Fazer as pazes com nossa história é um trabalho árduo. Porém, são nas adversidades que encontramos nosso propósito e chegamos à conclusão de que as dificuldades são como satélites que nos direcionam a sairmos de nossa base de conforto, fazendo com que nosso foguete voe na incrível jornada da vida.

CRISTIANE VAZ

Cristiane Vaz

Psicóloga, neuropsicóloga, consteladora familiar, terapeuta floral, psicossomatista, mentora, escritora e palestrante. Experiência em acolhimento em abrigos, hospital e clínicas.

Contatos
cris_freud@yahoo.com.br
Instagram: @psico_cris_jung
YouTube: Psicologa Cristiane Vaz
LinkedIn: Cristiane Vaz

Nasci em São Paulo, no dia 3 de maio, e sou a caçula dos três filhos de Cleide e Francisco. Meus irmãos são Ronaldo e Débora. Venho de família de portugueses vinda do Porto para trabalhar nas plantações da cidade de Amparo. Apresento a vocês a psicóloga colecionadora de histórias, que fez as pazes com a própria.

Quando tinha três anos, meu pai morreu de câncer, consequência do alcoolismo e do tabagismo. Ficamos sob os cuidados de minha mãe. Não tínhamos muito. Minha mãe conta que chegou a pedir no açougue sobras de ossos com a desculpa de dar para os cachorros, mas era para cozinhar uma sopa para meus irmãos ou para esquentar a mamadeira no calor de vela, porque não tinha gás.

Com a morte do meu pai, foi meu tio Tuta (irmão da minha mãe) quem tratou de acolher a todos, assumindo seu lado paternal, sem a menor vontade para tal vocação. Anos depois, quando ele faleceu, percebi que, embora ele não tenha casado ou tido filhos, foi pai de todos os sobrinhos, vizinhos e funcionários que acolheu e ajudou, até financeiramente. Ele foi um exemplo perfeito de "o que a mão direita faz, a esquerda não precisa saber". Isso resume bem sua passagem neste plano terrestre.

Mas a história desafiadora que vou contar é de uma menina que, aos nove anos, teve a primeira crise de artrite reumatoide juvenil, diagnosticada como dor do crescimento. Para a

Sociedade Brasileira de Reumatologia, a artrite é uma doença inflamatória crônica, que ataca articulações e outros órgãos, como pele, olhos e coração. Dados da América do Norte e Europa indicam que cerca de 0,1 a 1 em cada 1.000 crianças têm a doença. E eis que eu fui a contemplada.

Mais tarde, aos 18 anos, as crises voltaram, me fazendo parar. Muitas foram as licenças que tirei logo no início da minha vida profissional por não conseguir ficar de pé tamanha a dor nas articulações e juntas dos pés. Eu era uma jovem que não aceitava a doença, que sonhava em fazer carreira em grandes bancos, pois transitei entre um e outro por 13 anos.

Fiz Psicologia e, por um tempo, administrei o consultório e o banco. No entanto, de tempos em tempos, a vida me parava e eu só sabia era me revoltar. Por que eu? Por que comigo? Benditas paradas que a vida me deu, graças a elas eu saí do mundo financeiro e achei meu verdadeiro propósito de vida na psicologia, acolhendo pessoas.

Hoje, já se sabe que as doenças crônicas não têm cura, podem ter origem genética ou são desencadeadas por fatores externos, como estresse. Busquei respostas não aceitando o que a vida me impunha, fiz pós-graduação em psicossomática e me formei como terapeuta sistêmica para entender, pela psicossomática e pela constelação familiar, que desalinho havia ali em meus ancestrais, ou o que o corpo me dizia.

Pela psicossomática, sintomas físicos estão ligados com nosso emocional e psicológico, ou seja, sentimentos que não são falados o corpo somatiza. Pela constelação, tomei a força de meus ancestrais, que lutaram e passaram por duras provas, tenham sido elas físicas, morais ou emocionais. Tomei a força de cada um e é para eles que olho nos momentos de provação.

Em 2009, vieram as duas primeiras cirurgias, uma prótese no quadril direito e uma artroplastia do manguito rotador do ombro direito. Fiz as cirurgias e busquei seguir para ver aonde meu corpo me permitiria chegar. Foi quando algo mais desafiador chegou, uma gestação que foi apenas de 32 semanas.

Ana Beatriz chegou sem nenhuma explicação lógica do porquê quis vir antes. Foram 27 dias de UTI Neonatal, convivendo com as dores, óbitos e esperanças das mais variadas histórias. Aprendi a não brigar com Deus, mas a me agarrar na fé e na certeza de que tudo passa. Ana acetinou meu coração, tirou com amor a raiva que eu tinha de as coisas não serem como eu desejava. Aninha você foi transformadora em minha vida!

Depois de dois anos e quatro meses, chegou Eduardo, que me fez entender que eu teria mais forças, bastava querer. Ele chegou com seu jeito engraçado e até hoje me faz rir nos dias mais complicados. Dudu, você, com suas graças, me iluminou em dias de escuridão!

Em 2019, veio a pandemia da covid-19. Acolhia corações, mas não o meu. A revolta era como que aquele – no caso, Deus – que via todo dia a minha dificuldade em andar, em cortar um pão, em pentear o cabelo, não manifestava em mim uma cura. Mas o que eu não enxergava era que o *home office* trouxe novas possibilidades profissionais. Atendi pessoas fora do Brasil quando meu joelho mal me deixava trocar passos. Irônico, não é? Como fui tão longe não podendo andar. Lembra a história infantil Festa no céu?

Lia esta história para meus filhos. O conto fala da tartaruga que, querendo ir a uma festa no céu e não podendo, achou um jeito de viajar dentro da viola do urubu, que era o músico do baile. Enquanto todos achavam que ela não seria capaz, lá estava ela saltitante no baile. Quando foi descoberta, espatifou-se lá do firmamento e é por isso que as tartarugas têm o casco remendado, do tombo que levou. Os remendos eu também tenho no meu corpo, mas não foi tombo, não foi solução. Mas assim como a tartaruga, voei quando o esperado era ficar.

Histórias singulares que inspiram vol. 3

Mesmo doente, estava a serviço da vida. Não abandonei um só dia aquelas pessoas que perdiam entes queridos e estavam com medo, embora este medo também fosse meu. Veio a terceira cirurgia, agora uma prótese total de joelho direito. Conheci o Doutor Sérgio Costa, que me deu não só o apoio médico, explicando termos científicos, mas me deu a coragem de mais um processo cirúrgico. Em plena pandemia, curei meu joelho direito, mas não pensava que seria apenas o começo de novas batalhas.

Em 2020, meu quadril esquerdo começou a ficar ruim, não queria operá-lo, não aguentava mais tanta cirurgia e os comentários do tipo: "Como que gosta de uma cirurgia, hein?" Vocês sabem, existem frutas podres no pomar da vida. Passei por situações em que as pessoas não facilitavam lugares de encontros, de viagem, caminhava sozinha e, quando não andava rápido, ficava para trás. A vida nos mostra que nem todo jardim é florido, mas precisamos lidar com as ervas daninhas e passar pelos jardins focando apenas nos pássaros.

Em 2022, a vida travou de vez. Os dois tendões dos ombros se romperam, eu já não conseguia andar sem ajuda de uma bengala, a Olivia, apelido dado por meus filhos. Em janeiro de 2023, chegou a prótese no quadril esquerdo, e também chegou A CURA, não a da doença, mas do meu coração. Entendi que, na verdade, jamais parei, só olhava diferente para as situações.

A vida me presenteou com um marido sensacional. Não imagino minha vida sem Renato, que nunca desistiu de mim. E quando a vida me dava tudo para parar, eu não aceitei e PROSSEGUI. Escrevi meu primeiro livro, engrenei projetos e comecei outra pós-graduação. Mudei a pergunta para quê? E não mais por quê?

Trabalho, hoje, colecionando lindas e fortes histórias de vida, de pacientes que nem imaginam como também me reconfortaram e me acolheram em momentos de dor, suas histórias fazem parte da extensa colcha de retalhos que vou costurando na vida. Há os que já se foram para outros planos e que deixaram saudade e amor.

A minha história é: "Quem cuida também adoece". Quem cuida também, muitas vezes, está doente. Para Viktor Frank, criador da logoterapia, achamos propósito de vida de inúmeras maneiras. Achei o meu criando resiliência. Fui forte, ouço minha intuição, que diz que toda vez que curo o outro, estou curando a mim.

Escuto Deus sussurrando nos meus ouvidos todos os dias quando olho para o espelho e vejo a pessoa forte e resiliente, que aprendeu a Lei de Equilíbrio, porque, se estamos na estrada da vida doando, também recebemos. Desistir não é uma opção.

Nota: dedico este capítulo para Walleska, minha sobrinha, que é cadeirante desde o nascimento. Ela foi inspiração para meus mais difíceis dias, nos quais lembrava que não reclama um só dia e mostrou para muitos, que achavam que ela não chegaria a lugar algum, que chegou, sendo bacharel em Direito com OAB e tudo. Orgulho da tia!

Para você, caro leitor, não importa em qual momento a vida o parou, pense em não justificar a falta de passos com seu problema. Use seu propósito de vida, seus amores, sua fé ou qualquer outra coisa para que seja combustível de seu foguete.

Estou à disposição para ajudar você nessa missão de lançamentos à sua incrível jornada.

10

A ESCOLHIDA

Filha antepenúltima de uma família de 12 irmãos, nascida numa cidadezinha no sul da Bahia. Com pais separados, tive uma adolescência tranquila, mas cheia de insegurança e incertezas. Tomei a decisão de deixar tudo e ir em busca do novo, deixando para trás minha mãe sozinha e também o namorado, com quem já planejava construir uma vida. Ao chegar em São Paulo, trabalhei muito para conquistar oportunidades. Empreendi, casei, tive filho e aproveitei minha vida. Hoje, aconselho mulheres que tenham vivido uma trajetória parecida com a minha a focarem em si mesmas e não se deixarem levar pela carência, sexo e dores emocionais. Indico que busquem viver coisas novas, sonhos e realizações pessoais talvez antes esquecidos; que se deem valor e se coloquem nas mãos de Deus.

LANE OLIVEIRA

Lane Oliveira

Graduada em Administração de Empresas e uma das responsáveis pelo desenvolvimento da empresa Multiplic Telecom, a qual foi criada do zero e atende a região de Alphaville e alguns *players*, como Mercado Livre. Parceria com YouTube e outras plataformas de *streaming*. Mentora e palestrante com foco em desenvolvimento pessoal.

Contatos
lane_lavinia@icloud.com
Instagram: @soulaneoliveira
Facebook: @soulaneoliveira

A disrupção de um
posicionamento perante a vida

Sou Lane, filha antepenúltima de uma família de 12 irmãos, introvertida, às vezes melancólica, porém uma mulher de fé, que encontrou em Jesus Cristo o sentido para a vida. Nasci em um sítio muito fofo, mais interessante do que o Sítio do Picapau Amarelo, por ser da minha família no município de uma cidadezinha chamada Cordeiros, com uma população de oito mil habitantes, situada no interior sul da Bahia, divisa com o norte de Minas.

Sou irmã de 11 irmãos incríveis, cada um se desenvolveu dentro de suas conquistas, valores e sonhos. Vim de uma família não estruturada, filha de pais separados aos sete anos de idade. Minha mãe, uma mulher batalhadora, que trabalhava na roça, cuidava da casa e ainda costurava para fora e para nós. Não tínhamos condição financeira e onde morávamos na época não havia lojas com roupas prontas para comprar. Além de escasso, era muito caro. Meu pai foi professor, violonista e possuía um pequeno comércio na nossa casa, no cômodo separado, porém esse comércio foi o gatilho para meu pai se perder no consumo de álcool, se autodestruiu por conta do vício.

Na infância, me lembro de gostar de brincar com meu irmão mais novo e meus primos, que moravam ao lado. Brincávamos

Histórias singulares que inspiram vol. 3
111

de casinhas que nós mesmos construíamos, os sabugos de milho eram nossas bonecas e bonecos; em meio a tanta simplicidade, era muito divertido, amava brincar com isso. Lembro-me que ia para a escola e não via a hora de voltar para casa, fazer o dever de casa, lavar a louça para minha mãe e ir para baixo de uma árvore enorme que havia no fundo da casa onde morávamos eu, minha mãe e meus irmãos.

Aos sete anos, presenciei meu pai mais agressivo com meu irmão, comigo e minha mãe por conta do álcool, e isso foi o estopim para que ela tomasse a decisão de se separar dele; foi o que ela fez logo em seguida. Aos 12 anos de idade, aprendi a andar de bicicleta. Eu me lembro que meu irmão mais velho, José Wilson, tomou a responsabilidade de pai para si e tudo o que fazia era para proporcionar a mim e a meu irmão mais novo uma infância divertida, a mais leve possível, apesar dos infortúnios de uma separação familiar.

Minha adolescência foi tranquila, sem muitos percalços. Aos meus 15 anos, vesti minha primeira calça jeans – e como eu amei aquela calça! –, uma camiseta amarela e um tênis branco. Amei de verdade esse look e usaria hoje sem dúvida! Tive esse *look* graças às minhas duas irmãs que já eram independentes, trabalhavam aqui em São Paulo e ajudavam com roupas, calçados e, muitas vezes, até comida.

Aos meus 17 anos, arrumei meu primeiro namorado. Ainda muito tímida, arrisquei a me parecer normal perante as outras meninas, pois se tinha uma coisa que não me enchia os olhos era namorar. Mas fiquei com medo de me parecer estranha ao olhar dos outros, então cedi, mas não foi para frente. E vivia assim, às vezes ficava com alguém, mas sem empolgação. Fui curada de uma paixonite da adolescência, mas não ingressava namoro algum. Em toda a minha trajetória amorosa, tive três namorados, quatro, com o pai da minha filha.

Minha filha, hoje com 6 anos de idade, é muito linda e amada por nós dois. Nosso maior presente! Porém, quando ela nasceu, o casamento, que já estava desgastado, e por imaturidade de ambos, chegou ao fim infelizmente.

Comecei a estudar um pouco tarde e finalizei o colegial já no final dos meus 17 anos. Até então ainda não havia conseguido emprego. Na minha cidade, não havia empresas locais e, na prefeitura, única frente de trabalho, não foi possível que me contratasse. Passei mais de um ano buscando e nada aconteceu. Nesse meio-tempo, cheguei a vir a São Paulo, porém a passeio e logo retornei para minha cidade.

Em casa, morávamos eu, minha mãe e meu irmão que, com seus 17 anos, foi para São Paulo trabalhar e viver seus sonhos, ficando eu e minha mãe somente. Morando sozinhas na casa, porém meus dois irmãos mais velhos, já casados, e meus avós maternos moravam ao lado da nossa casa; portanto, não estávamos totalmente sozinhas.

O tempo foi passando e eu já estava inquieta por não ter conseguido um emprego e pelo desejo de fazer uma faculdade, que se tornava distante. Recordo-me, procurando emprego na minha cidade quando vi, em um barzinho de um amigo pela tv a queda das Torres Gêmeas em 11 de setembro. Aquelas imagens me impactaram bastante, e me fizeram ver que a vida é curta e a minha estava passando.

Eu precisava tomar uma decisão de sair de casa e ir para São Paulo tentar uma nova vida. Porém, a minha preocupação era minha mãe. Ao contrário do que pensava, ela me apoiou e pediu que seguisse a minha vida. Mesmo com as críticas de parentes e amigos, aos 21 anos, segui para a capital paulistana.

Nessa época, estava namorando o pai da minha filha, que também me apoiou na decisão, porém preferiu permanecer em Minas, na cidade de São João do Paraíso. Ele prometeu que, depois de seis meses, me encontraria; seria, apenas, o tempo suficiente para resolver algumas questões da vida profissional. Mas, com 15 dias, ele decidiu vir também para São Paulo e passamos a construir uma vida juntos.

Meu primeiro emprego foi logo que cheguei em terras paulistanas, por indicação da minha irmã, em um escritório de advocacia, onde eu era uma das recepcionistas. Ainda muito imatura, não era entregue ao trabalho. Após três meses trabalhando, fui demitida devido ao escritório passar por um momento difícil e optar por dispensar os empregados mais recentes.

Nessa época, eu estava pagando meu vestido de noiva, pois o pai da minha filha havia pedido a minha mãe, que estava passeando por aqui nesse meio-tempo, a minha mão em casamento. Então, já estava me preparando para isso e não poderia ficar parada por conta da dívida do vestido. Comecei a fazer faxina na casa dos patrões das minhas irmãs e fiquei lá por uns três meses até conseguir pagar o vestido de casamento. Depois disso, fiz uma entrevista na empresa dos meus patrões e fui contratada para o telemarketing. Nessa empresa, fiquei por oito anos, passando pelo financeiro e pelo setor comercial, período no qual cursei minha faculdade.

No final desses oito anos, surgiu a oportunidade de abrirmos nossa empresa; eu, o pai da minha filha e mais dois sócios. Enquanto construíamos a empresa, mantínhamos nossos respectivos empregos para sustentar a casa e investir no negócio. Foi um período bastante desafiador, mas também de muito aprendizado.

Construímos um negócio de sucesso, que já completou dez anos. Nesse meio-tempo, houve o fim do casamento, mesmo com minha filha ainda bem pequena. Em tudo, pude ver o cuidado de Deus sobre nossas vidas, me dediquei totalmente à maternidade e isso me trouxe muito amadurecimento. Com o tempo, fui entendendo que Deus tem sempre o melhor e que seus planos são maiores e nada acabava ali, muita coisa ainda estava por vir.

Nesse período, percebi o amadurecimento tanto meu como do pai da minha filha. Hoje cuidamos dela com muito amor e carinho. Orei muito a Deus para que pudéssemos trazer um ambiente harmônico e seguro para nossa filha ter uma infância feliz. Sempre procurei a sabedoria em Deus para lidar com tudo, de uma forma que ficasse bem para todos, pois sabia que Deus me fortaleceria no processo e foi o que Ele fez.

Um dos meus pedidos a Deus foi que minha filha tivesse um pai presente. Por não ter tido, isso era muito forte para mim. Aprendi muito com minha mãe, a ser resiliente diante de tudo, pois ela fez com maestria seu papel de mãe perante nós e, mesmo com a ausência do meu pai, pude ter uma infância feliz e tranquila.

Houve um período da vida do meu pai em que ele precisou demais de mim, e eu passei a cuidar dele. Confesso, foi bem difícil, pois os papéis tinham se invertido; já não era meu pai cuidando de mim, mas eu cuidando dele. Isso afetou demais o meu emocional, e só vim a ter consciência desse impacto depois; ao lidar com marcas, como: dependência emocional e muitas outras que afetaram muitas áreas da minha vida, incluindo a amorosa. Eu não conseguia me sentir completamente amada e isso prejudicou bastante meu casamento. Entendi que Deus não restaura casamentos, mas sim pessoas.

Seis anos se passaram e, hoje, cuidando da minha filha, me vejo em projetos em que reconheço a mão de Deus me guiando e trazendo tudo aquilo que meu coração anseia e que está de acordo com a vontade d'Ele. Neste ano de 2023, muitos ciclos se fecharam, mas também outros se abriram. Olho para tudo e vejo meu crescimento como mulher.

Aconselho as mulheres que passaram pelo que passei a focarem em si mesmas, não se deixando levar pela dor de estar sós, de não ter sexo, carência, pois muitas mulheres se perdem quando não olham para si mesmas, suas necessidades, sonhos, se envolvendo com outra pessoa sem nem mesmo estar preparadas para isso, perdendo a oportunidade de viver novas coisas e crescer como mulher. Muitas dores nascem quando não nos curamos.

Com tudo o que me aconteceu, tenho empatia com mulheres que, em algum momento, passam ou já passaram pela mesma situação e tento orientá-las quando me procuram de que se coloquem nas mãos de Deus e permitam que Ele as conduza, pois somente Ele conhece nossa história e essência. Ajudo ainda muitas mulheres a olharem e colocarem valor em si mesmas, pois, quando algo desse tipo nos acontece, a tendência é que nos desvalorizemos, e nos vejamos muito pequenas ao nos compararmos com as demais e o mundo.

Deus tem a forma certa para nos curar, diminuindo nosso sofrimento. Lembro-me da minha baixa autoestima, que não foi fácil de vencer, pois estava saindo de um casamento, amamentando e cuidando de uma bebê em tempo integral, uma grande mudança para uma mulher que, até então, vivia correndo de um lado para outro, estudando, trabalhando e, agora, se via trancafiada em um pequeno apartamento. Porém, o tempo passou e olho com muito carinho para tudo o que me aconteceu e ainda acontece. Foi nesse período que tive um encontro pessoal com Cristo e Ele me ensinou a dar o outro lado da face, me ensinou que uma vida liberta é uma vida que não guarda mágoas, que o perdão é liberado, pois ninguém é perfeito e todos carecemos de ajuda e cuidado.

Com Cristo, também aprendi a me amar, a buscar de volta a mulher que eu era, sendo melhor, mais madura e ciente de si mesma. Ele foi, aos poucos, me curando e me tirando daquele lugar onde eu não me sentia amada, me levou a escrever novamente e, escrevendo, consegui perdoar meu pai e sua ausência, me sentindo amada, pois havia descoberto um pai que era o próprio Deus.

E foi em Dubai que Deus trouxe respostas às minhas orações, dando a maior prova de amor que eu podia receber. Em Dubai não chovia, somente quando o sheik colocava produtos nas nuvens para induzir a chuva. No entanto, quando eu estava lá, no último dia de agenda, uma parte das mulheres já estava de volta ao Brasil, o tempo simplesmente fechou e começou a chover, relampejar e trovejar. Nesse momento, lembrei uma música da cantora Laura Morena: "Há alguém que, ao amanhecer, cala o mundo para ouvir sua voz". Deus estava me provando seu amor por meio daquela chuva e eu senti verdadeiramente seu abraço. Fiquei maravilhada e fui totalmente curada.

Estou vivendo bem consciente de tudo. Antes eu vivia no automático, não percebia um palmo à frente do nariz, porém agora já consigo dirigir meus passos; não sou perfeita e falho muito ainda, principalmente com as pessoas que amo, mas aprendi em Deus a reconhecer minhas faltas e pedir perdão. Passei a andar com firmeza de propósito e sei que, com minha história, muitos serão alcançados, transformados e impulsionados a viver conforme os planos de Deus, pelos princípios e valores ensinados por Ele.

Por escolha, decidi viver conforme os ensinamentos d'Ele, sem desviar nem para a direita nem para a esquerda, negando minha própria carne, para viver os planos d'Ele e não me arrependo dessa escolha. A cada dia, colho os frutos dessa caminhada, pois Deus é fiel e o que Ele mais busca são pessoas verdadeiras, que estão dispostas, com as próprias vidas, a serem testemunhas vivas de uma vida de propósitos, uma vida com Deus, baseada em seus ensinamentos.

Mulheres posicionadas, conhecedoras de si mesmas, que sabem o futuro que querem construir com seu presente. Deus se agrada de tal postura e não as deixará decepcionadas, as levará a viver o extraordinário da vida, para que, assim, o nome de Deus seja revelado. Precisamos de mais mulheres fortes, decididas e firmadas na rocha, mulheres que movem o mundo a partir da própria casa. Não adianta olharmos para fora, se dentro de nós e do nosso lar as coisas não funcionam.

Durante meu percurso, quantas mulheres encontrei, devastadas, destruídas na autoestima, por não saberem mais quem são e o que estão fazendo, muito menos para onde estão indo. Mulheres que tinham tudo para viverem uma vida extraordinária, mas que se perderam diante do que a vida lhes foi apresentada. Por não terem escolhido a melhor parte, a beberem da fonte correta, se viram em um caminho arenoso, dolorido, que só intensificou mágoas e marcas. Hoje, não veem uma saída, não sabem como voltar.

Sempre aconselho a olhar primeiramente para si mesma e para Deus, resgatando o que foi perdido ao longo do caminho, para se reencontrar e se reconstruir mesmo que doa. É na reconstrução que vamos nos lapidando, nos reconfigurando e encontrando novamente sentido para seguir em frente, de modo leve e com sentido.

Escolhi me posicionar para ajudar essas mulheres a andar pelo caminho de construção, de crescimento, de não mais ouvir vozes vazias sem nenhuma experiência ou vivência no campo da maturidade pessoal e espiritual, a não mais dar ouvidos a crenças vazias e, por vezes, sem fundamento. Mas que cada uma, com base em sua história, descubra o que realmente faz sentido e viva em uma frequência de autoconhecimento e libertação, para que o casamento faça sentido e que a família seja o principal triunfo e busca. Mulheres firmadas na rocha, que lutam por seus lares, que lutam por si mesmas.

Mulheres dispostas a viver conforme a escritura, a vontade do Mestre, plantando o reino de Deus na terra; ao começar pelos seus e os de sua casa. Mulheres fortes, que abrem mão do ego, de si mesmas, para construir uma história vitoriosa ao lado dos seus. Mulheres que oram, não por causa somente de pessoas, mas por conta de um propósito que beneficia a todos.

11

TUDO SOBREAMENTE

Todos nós carregamos um proposito em nosso interior, mas nem sempre vivemos o melhor dessa terra pelo fato de não conseguirmos dominar nossas emoções, nos tornando reféns delas. Nosso cérebro tem a capacidade de aprender e se reinventar diariamente apenas com uma ação positiva. Eu optei por usar a sabedoria deixada por Jesus Cristo na terra, e sorri em meio ao fogo, afinal, tudo é sobreaMENTE.

MARIA BOÊMIA

Maria Boêmia

Formada em Técnico de Enfermagem do Trabalho, curso de *Coaching* em bem-estar. Creio em Deus Pai, Jesus Cristo e Espírito Santo. Creio que nascemos com a identidade original, mas quando nós a desenvolvemos, vivemos uma vida com propósito. Creio que somos nosso maior adversário, nos sabotamos com frequência, por medo de nos entregarmos de alma e coração para a nossa missão. Creio na gratidão, ela eleva nossa consciência a um nível de satisfação na vida. Meus valores são: respeito, honestidade, valorização e humildade. Tenho como missão promover a diferença na vida das pessoas por meio da mensagem que carrego por trás de minha imagem, deixando um legado real de como podemos viver sorrindo em meio às diversidades da vida, tocar almas que necessitam de mudança, com propósito de gerar uma vida plena e leve em meio aos desafios que enfrentamos. Tenho como premissa que o sorriso ajuda a equilibrar o emocional. Afinal, é tudo sobreaMENTE.

Contatos
tudosobremente@gmail.com
Instagram: Maria Boemia Silva
LinkedIn: linkedin.com/in/tudosobreamente
Facebook: Maria Boemia Silva
11 93218 1927

Muito novos, meus pais se casaram. Após dois anos de casamento, minha mãe engravidou de uma menina linda – sim, eu! –, uma gravidez tranquila. Já tinha um nome, "Leila". Um belo dia, minha mãe começou com as dores do parto, na época não se ganhava bebê em hospital, e sim com parteiras. Já ouviram falar, né? Acho que até você nasceu assim. Tudo corria normal até eu sair para fora do ventre e a parteira perceber que o cordão umbilical enrolou em meu pescoço. A parteira, então, sugeriu à minha mãe colocar o nome de Maria Boêmia, daria sorte para uma vida saudável. Foi assim que surgiu meu nome.

Moramos no estado do Mato Grosso do Sul. Após um período, meus pais voltaram à cidade em que se conheceram, no Paraná, onde vivemos mais uns anos. Minha mãe agora com duas crianças. Com a vida difícil que levavam na cidade, resolveram ir em busca de um conforto melhor para família, nos mudamos para região metropolitana de Curitiba/PR.

Com o passar dos anos, meu pai ficou doente, diagnosticado com trombose vascular, que acabou acometendo as duas pernas e o tornando deficiente físico. Isso não mudou nada para ele, viveu alegremente como se nada estivesse acontecendo. Continuou com suas pescas e seus jogos de bilhar. Foi técnico de um time de futebol, era conhecido pela cidade toda. Ah! Como todos amavam esse homem!

Com toda a situação, minha mãe começou a trabalhar fora, arrumou emprego de doméstica para ajudar nas despesas da casa. Eu ajudava nos afazeres da casa e, aos nove anos, já estava com a mentalidade bem avançada para a idade. Cuidava da casa, do meu pai e da minha irmã. Brincava nos tempos vagos. Meu pai era segurança de uma fábrica de caixas de ovos.

Infelizmente, aos 13 anos, perdi meu pai. Mas me deixou de presente um legado: ser grata sempre, não importa a circunstância, o importante é sorrir (em memória de José Antônio).

Nossas vidas mudaram completamente, nos mudamos de casa e de bairro. Minha mãe começando a vida sem meu pai, viúva (33) e com duas filhas menores de idade. Ela se tornou a chefe da família. Ficamos com uma pensão de um salário-mínimo, não o suficiente. Minha mãe precisou dobrar as casas em que trabalhava, e eu iniciei com minha carreira profissional, fui evoluindo e me tornando uma rocha por dentro.

Após alguns anos, minha mãe recebeu um convite para morar em São Paulo e começar um novo ciclo na vida profissional, passando de empregada doméstica para cozinheira. Eu fiquei no Paraná por mais alguns meses.

Novo ciclo se inicia

Cheguei a São Paulo em 2007, e uma nova jornada se iniciou. Arrumei emprego de teleatendimento, novos amigos e conheci meu primeiro namorado, uma explosão de felicidade.

Um pouco mais de dois anos, bem estruturada, comecei a sentir muitas dores no abdômen. Procurei uma médica, que realizou alguns exames, dentre um deles colposcopia (exame detalhado do útero). Ela me explicou o procedimento e me disse que o resultado sairia em quinze dias. Depois de três dias, a UBS entrou em contato me informando que eu tinha uma consulta no dia seguinte. Meu namorado na época me levou à consulta.

Lembro a cena como se fosse hoje. Ao entrar no consultório, a médica estava debruçada sobre muitos papéis, me sentei e ela começou a falar sem me olhar. No meio da fala dela, a frase "você está com câncer no colo do útero e precisa operar urgente, porque pode te levar à morte. Já te encaminhei para a cirurgia". Quando saí da sala, meu namorado me abraçou e perguntou: "Está tudo bem?". Sem saber o que falar, fiquei muda até chegar em casa. Quando cheguei, vi minha mãe e corri ao seu encontro e comecei a chorar sem falar nada; eu me acalmei um pouco, todos estavam sem entender nada, me olhando. Enfim falei: "Vou morrer, e não vai demorar". Todos se espantaram, e eu, sem perceber, entrei em um mar de vitimismo; achei que era o fim da minha vida.

Alguns dias depois, comecei a fazer os exames e passar em médicos para a cirurgia. A médica cirurgiã me deu um alívio ao falar que não morreria, mas infelizmente não poderia me tornar mãe, pois seria necessário a histerectomia. Muito abalada com tudo, não sabia qual notícia era pior naquele momento. Mas não desisti de nada, apenas vivi um dia após o outro. Confesso que sem esperança alguma naquele momento.

Chegou o dia da cirurgia. Estava muito apreensiva pensava em apenas uma coisa: "Tenho 24 anos e estou passando por isso". No entanto, quando cheguei à sala de cirurgia, a médica me recebeu com uma calorosa notícia, a direção do hospital não permitiu a cirurgia total, apenas a retira do nódulo do colón do útero. Mas, infelizmente, a parte de ser mãe não seria possível mesmo assim. Graças a Deus, eu estava viva e poderia ser mãe de outras formas, sou tia de duas meninas lindas. Tive uma nova oportunidade de vida.

Depois de passar um ano em hospital e convivendo muito nesse universo da medicina, lembrei-me de um antigo desejo de ser médica. Como estava desempregada, não tinha condições de arcar com os custos de uma faculdade de medicina ou enfermagem, então resolvi fazer um curso em técnico de enfermagem. Sem condições de pagar o curso, comecei e enviar currículos e, em pouco tempo, consegui um emprego de promotora. Apesar de estar feliz com o trabalho, meu relacionamento teve fim. O sonho dele era ser pai, e ali vi que não poderia ajudar a realizar o sonho.

No ano de 2012, conheci uma pessoa e começamos um relacionamento. Ao passar alguns meses, descobri que estava grávida de 12 semanas, e isso me deixou maravilhada. Da gravidez, nasceu uma linda menina, Alanis, milagre que Deus permitiu em minha vida. Tenho a joia mais preciosa do mundo em meus braços. Mas, novamente, não deu certo o relacionamento. Ele só entrou em minha vida para mostrar que eu poderia ser mãe, porque eu já não tinha mais esta esperança e ali descobri meu potencial como mulher e mãe.

Em 2014, engatei em um novo relacionamento, agora minha esperança estava renovada em ter uma família. Felicidade a mil!

Tudo estava ótimo, até que...

05/2022 – Acordei com um nódulo da mama direita do tamanho de um limão; assustei-me com a notícia. Consegui uma consulta com a mastologista, que me encaminhou para uma biópsia de urgência. Já começava a pensar em todas as hipóteses.

06/2022 – Foram realizados alguns exames e, com o resultado da biópsia em mãos, fui ao consultório acompanhada de meu namorado. Quando recebemos a notícia de uma forma singela, até o presente momento, estava ali toda concentrada em cada palavra que a dra. falava, até que, por um minuto, ouvi a frase "não se preocupe! Tem tratamento. Hoje, a medicina está avançada; não quero que se assuste, mas agora começa uma corrida contra o tempo". Só ouvi até essa parte da consulta, senti umas lagrimas rolarem pela minha face e um buraco em meu peito; milhares de sensações e pensamentos, todos juntos e misturados; estava meio atordoada, sem esperança e sem rumo. Sai do consultório médico e optei por caminhar até um laboratório próximo para entregar o exame e saber qual tipo de tumor era. Ainda sem a ficha ter caído, peguei o telefone e liguei para uma colega de trabalho. Falei para ela que eu estava com câncer de mama. Nesse momento, cai nesse abismo profundo e escuro.

Encontrei-me novamente com meu namorado e fomos direto para minha casa. Sem saber o que fazer, guardei a notícia para mim; comuniquei minha família somente no dia seguinte. Minha mãe entrou em desespero total. Havíamos passado por um luto há pouco tempo, a sogra de minha irmã faleceu de câncer no pulmão, então imagina o desespero da minha mãe. Nesse momento, senti uma força dentro de mim e uma voz interna disse: "É apenas uma fase e tudo vai passar". Já me antecipei e comprei uma peruca; já preparei uns lenços e comecei a ver a realidade que estava vivendo.

Início da oncologia em minha vida

Na primeira consulta com o oncologista Dr. Marcelo Fanelli, estava mais calma e com a concentração voltada apenas em suas palavras. Comecei a entender o que estava passando, carcinoma triplo negativo grau 6 (tipo de câncer que tende a ser mais comum em mulheres com menos de 40 anos de idade. O câncer de mama triplo negativo difere de outros tipos de câncer de mama invasivo, pois cresce e se dissemina rapidamente, tem opções limitadas de tratamento e um pior prognóstico). Por isso, o tratamento precisava ser iniciado o quanto antes. Optei por seguir minha vida, trabalho, passeios, para ter um escape de pensamentos.

07/2022 – primeira quimioterapia – ao sentar naquela poltrona gelada, rodeada de várias mulheres de várias idades, cada uma com um humor, cada uma com um olhar, me vi ali e perguntei: Isso, é real? Sim, é real. Comecei a sentir a quimioterapia percorrer minhas veias, um líquido gelado que, com passar dos minutos, começou a esquentar e queimar. Falei o que estava sentindo para a enfermeira e ela me respondeu: "São só quatro horas, passa rapidinho!". Pensei: "O quê, quatro horas? Rapidinho?!". Fiquei com um mal humor naquele momento. O tempo parecia não passar. Na minha mente, já fazia um mês que estava ali sentada, e não apenas algumas horas. Saí da clínica nesse dia com a sensação de que era um dia a menos de vida. Depois de 3 dias, comecei a sentir os primeiros sintomas pós-quimioterapia: vômitos, sudorese, fraqueza, dores de estômago e abdômen, uma sensação de incapacidade e medo de não aguentar.

31/07/2022 – reunir a família em um momento de lazer para um pouco de distração. Comecei a sentir meus cabelos saírem do couro cabeludo; eles não estavam apenas caindo, estavam se soltando em mexas. Passamos um dia agradável, todos foram embora, eu decidi a raspar meu cabelo, assim, não veria meus cabelos caírem, e foi o que fiz com a ajuda do meu namorado e de minha filha, a fortaleza que tenho de filha. Confesso que ela não conseguiu, mas ele não tinha opção senão me ajudar, ou eu me machucava fazendo sozinha. Fui forte nesse momento e não derramei uma lagrima sequer, pois sentia as lagrimas dele caírem sobre minhas costas, falei: "Não chore, é apenas cabelo e logo ele cresce de novo". Voltei para casa e minha família, meu apoio, e disseram: "Está linda!". Mais já estava amarela, careca e com aspecto de doente.

04/08/2022 – segunda sessão de quimioterapia – já sabia o que ia passar, sensação mais amena. Após três dias da aplicação, os sintomas se iniciavam, mas, dessa vez, foi diferente, sintomas mais fortes, agora vou à morte, pensei. Coração acelerou, fui perdendo as forças, tudo ficando escuro, só ouvia minha mãe e minha irmã perguntando o que eu estava sentindo. O tempo passava e nada de eu melhorar. "Vamos levar ela ao médico", ouvi alguém falar; quando voltei à consciência, e pensei no medico, lembro que ouvi algo que era para evitar hospital para não pegar nada, senão teria que parar com o tratamento. Então falei que já estava bem. "Vamos à clínica de oncologia lá me sinto mais tranquila." Para a minha surpresa, passei por uma crise de ansiedade.

Superação

Na manhã seguinte, acordei decidida a mudar algumas coisas e rever tudo isso que estou passando, afinal, já se passou um mês desde o início do tratamento. Decidi voltar a viver normal, sem medo de não estar mais aqui pela manhã seguinte. Comecei a mudar os pensamentos e a voltar a ser a Maria alegre, determinada, segura e ativa. Com isso, fui saindo daquele buraco, passei a acreditar que não iria morrer disso e analisei: o que pode me ajudar? Como passar os dias? Ao fazer esta análise, tomei consciência que meu relacionamento não era mais um conto de fadas, percebi que sua entrega não era a mesma, então os gatilhos de rejeição começaram a aparecer, sentimentos que não existiam começaram a existir. "Estou feia e careca", "estou gorda". Fui ao espelho, me olhei por minutos e pensei: "Não, não posso deixar que este abandono me deixe pior do que já estou", mas estava sentida, pois já eram sete anos de convivência, e me vi então tendo duas escolhas: lamentar-me sobre tudo que estava passando ou aceitar a realidade. É claro que escolhi a segunda opção! Afinal, já acordei naquela manhã decidida a fazer isso. Eu me distraí por um momento e quase retornei ao buraco, comecei a dar um sentido a tudo que tenho que viver, e voltei com minha autoestima, a sorrir, e vida que segue. Fui percebendo que, quanto mais sorria e pensava positivo, mais fracos ficavam os sintomas da quimioterapia, chegando ao ponto de nem sentir nada. Apeguei-me a minha fé, e os dias cinzentos voltaram a ter cor, pois aquela voz interna dizia que tudo passaria. Foi Deus falando comigo, mas quando não temos cores em nossos olhos, não enxergamos a luz.

Cura

Em outubro de 2022, quando repeti os exames para ver o resultado das quimioterapias vermelhas, veio a surpresa, exame negativo para resposta cancerígena. Estava curada, mas a medicina precisava ser cumprida até o final, seguindo o protocolo já estabelecido no início do tratamento.

Tratamento

Quatro sessões de quimioterapia vermelha com intervalo de 21 dias, 12 sessões das brancas com intervalo de 1 semana, totalizando 6 meses. Cirurgia que seria mastectômica, foi realizada apenas o quadrante da mama direita e esvaziamento da axila do mesmo lado, realizada em 02/23. Não houve necessidade de preenchimento. Radioterapia realizada em 15 sessões, entre maio e junho 2023, finalizando com 6 sessões de imunoterapia em 9/2023.

Agradecimento

Minha rede de apoio me ajudou muito, minha família, amigos, quadro médico (psicóloga, nutricionista, médicos oncologistas e mastologistas, as enfermeiras, as recepcionistas). Participei de mentoria para sempre elevar os pensamentos, para perdoar as pessoas que não quiseram estar ao meu lado.

Finalizando um ano e três meses de tratamento, superei da melhor maneira; minha fé me sustentou todos os dias. A decisão de querer viver e lutar pela vida me trouxe à realidade novamente. Hoje, sou grata a Deus por me permitir estar aqui para contar minha história.

Lembrem-se: tudo SobreaMENTE!! A mente pode ser caracterizada como um estado, dimensão ou fenômeno complexo da natureza humana que associamos ao ato de pensar. Ela está relacionada com o conceito de descrever as funções do cérebro humano no que diz respeito à potência intelectual, às funções cognitivas e comportamentais humanas.

12

AÇÃO-REAÇÃO

Esta é minha história, e espero, por meio dela alcançar outras histórias. Quero que, acima de tudo, interpretem ela com um olhar de uma criança, até porquê todos nós temos nossa criança interior, e ela carrega memorias e dores, que nos fazem ser quem somos hoje, até que algo seja ressignificado. Este é apenas um pedaço da minha história.

ANA CLARA RODRIGUES

Ana Clara Rodrigues

Cursando biotecnologia e o ensino médio. Estou na preparação para minha primeira experiência como palestrante, apesar de não ter sido algo planejado, me retrata. Quero transmitir minha identidade, atingir um público e um conteúdo que tenha relação com quem eu sou e com o que gosto de fazer. Ensinar de modo que alcance o máximo de pessoas possível, usar a criatividade e expandir um pedaço de quem sou por onde passo.

Contatos
anaclaraguilhermerodrigues17@gmail.com
Instagram: @a_anaclarinha
LinkedIn : Ana Clara Guilherme Rodrigues
YouTube: Ana Clara Guilherme Rodrigues
11 98325 1902

Eu sou Ana Clara, mas me chamam de Ana, tenho 17 anos. Minha mãe, Fernanda, é psicóloga e iniciou sua carreira na mídia há pouco tempo, e isso me trouxe até aqui. Meu pai é metalúrgico. Os dois deram a vida a um príncipe, meu irmão Felipe, de dois anos; mesmo com 15 anos de diferença, somos muito unidos. Eles engravidaram de mim por volta dos 25 e 27 anos, não fui planejada, mas fui desejada. Na verdade, fui um susto!

Na época, minha mãe tinha problemas para engravidar, então eles cogitavam adotar, mas não naquele momento, ainda namoravam e não moravam juntos, estavam vendo apartamento para comprar. Eles quase compraram um apartamento em janeiro de 2006, com o dinheiro do carro que seria vendido, mas o carro foi roubado um dia antes de eles vendê-lo. Alguns dias depois, meu pai, desconfiado de minha mãe estar grávida, insistiu para que ela fizesse o teste. Com a certeza, correram para se casar em março e foram morar juntos em outro apartamento. Em julho, eu nasci prematura de um mês.

Morei por um ano da minha vida em São Bernardo, onde estão meus tios e avós maternos; depois, vim morar em São Paulo, fiz laços de amizades que perduram até hoje. Não nasci em uma família rica, mas não passei vontade de nada. Além disso, tenho todo um pilar familiar importantíssimo na minha vida, que faz toda a diferença em quem eu sou e em meu caráter pessoal.

Eu sempre fui criativa, talvez porque não tenha muitas crianças e parentes no meu convívio em casa. Eu só tinha dois primos e acabava que não os via muito. Com dois anos, criei um amigo imaginário e o tive por alguns anos. Meus pais contam as histórias de que, quando eu brincava de esconde-esconde, por exemplo, acabava assustando minha família. Hoje, entendo que criei esse amigo para suprir a necessidade de uma companhia. Depois que meus priminhos começaram a crescer e ter idade para brincar, deixei essa história de lado, acabei sendo a mais velha na rodinha das brincadeiras e os considero meus irmãos de coração.

Eu e minha mãe nos víamos pouco, ela trabalhava durante o dia e, à noite, fazia faculdade. Aos finais de semana, ela estudava. Sempre se esforçou muito para evoluir profissionalmente e isso foi uma grande influência, até porque não fui o tipo de criança que deu trabalho. Meu único problema foi falar demais, mas não precisava que pegassem no meu pé para eu estudar.

No tempo em que meu pai e minha mãe trabalhavam, tive uma das melhores companhias da vida, Maria Cidália, minha avó paterna. Passava seis dias por semana com ela, já que, nos domingos, a gente almoçava em família. Na casa da minha avó, durante a semana, só tinha eu de criança. Então, costumava brincar sozinha e fazer arte com papelão ou garrafas PET, aprendi a costurar à mão para as minhas Barbies. Amo arte em geral, música, desenhos e teatro. Tanto que cogitei entrar no teatro, mas, depois da pandemia, já não havia mais tempo para isso, por causa dos estudos.

Durante meus nove anos, passei por muitas mudanças. Meus pais estavam em uma fase difícil entre eles e se separaram. Eu não achava péssimo, porque recebia mais atenção de ambos e as brigas se encerraram. Hoje, depois da terapia, consigo separar o que é meu e o que não é. Nós, como filhos, às vezes sentimos a necessidade de escolher um lado, não precisamos nem devemos, somos filhos e devemos continuar nessa posição. É difícil entender isso enquanto pequenos, mas os pais também devem tomar a posição de não inserir os filhos nas conversas e ter a consciência de não brigar na frente da criança.

Um tempo depois, eles decidiram reatar, questão de seis meses; as coisas melhoraram muito em casa a partir daquilo, principalmente quando minha mãe se formou. A gente passava mais tempo juntos, mas eu e meu pai paramos de ir ao parque; em vez disso, nós três, aos domingos, víamos filmes até 1 hora da manhã ou passávamos a tarde na casa de uma das minhas avós.

Aos 15 anos, minha mãe engravidou e ganhei meu único irmão, Felipe. Cuido dele desde quando minha mãe começou a trabalhar, durante meus horários vagos na pandemia. Ele é o amor da minha vida e, apesar de todas as dificuldades pelas quais eu e ele passamos, sempre estaremos juntos.

Hoje, estou no 2º ano escolar, ainda no SESI e faço SENAI. Todos os alunos foram obrigados a escolher um curso, ou teriam que sair da escola, eram regras do novo ensino médio. Eu nunca gostei de nada ligado à mecânica ou programação, e a maioria dos cursos eram nesse estilo. As únicas opções eram: edificação e biotecnologia. Eu quis experimentar uma área diferente do que sempre pensei estar, sempre me vi em arquitetura. Decidi arriscar, meu incentivo foi que, no ano de 2022, na escola, tivemos uma palestra a qual me fez entender que eu estou na fase de errar, de tentar, não que esta fase um dia vá acabar, mas, principalmente agora, é o momento de me conhecer.

Com quatro anos de idade, ganhei meu coelho, o "Bebê", que viveu comigo até este ano, com 12 anos faleceu. Eu morria de medo de um dia perdê-lo, mas sei que foi o melhor, pois ele havia quebrado a perna traseira e, mesmo com a cirurgia, não se recuperou muito bem, a idade também não ajudou. Mas antes de ele ter quebrado a perna, parecia ser novo, corria da minha cachorrinha, andava pela casa, sempre muito bem.

Quando tinha uns seis anos, minha avó costumava dizer que a gente tinha que deixá-lo em uma chácara para viver bem. Isso entrava tanto na minha cabeça que sonhei que o tinham matado na chácara para comer. Naquele dia, acordei chorando muito, tive que me deitar ao lado dele no quintal e ficar um tempo lá até que me acalmasse.

É importante que os adultos tenham o entendimento do peso das palavras para uma criança. Tudo gera uma resposta, uma ação gera reação, acho que todos deveriam estudar antes de ter filhos. Existem hoje muitas pesquisas de faculdades, hospitais e profissionais que explicam o quão prejudicial é e até como resolver.

Com seis anos de idade, fui para o 1º ano. Passei no sorteio do SESI. Lembro da felicidade do meu pai em ver meu nome em uma lista na porta da escola. Eu e meu pai saíamos bastante, os parques da Sabesp e do Chico Mendes marcaram essa época, que durou muitos anos. Com ele, aprendi a andar de bicicleta, patins, a jogar vôlei e diversas outras coisas. No final do dia, ele me levava para tomar sorvete.

Hoje, estudo biotecnologia, é um curso difícil, mas interessante e abrangente. Acredito que, mesmo que não siga na profissão, só de pegar meu diploma já vai valer muito a pena, porque diversas vezes questiono minha capacidade de completar o curso, com tanta coisa para dar conta, mas sei que vai ser uma conquista.

Recentemente, recebi uma oportunidade que nunca havia imaginado em receber: palestrar no palco Singular. Confesso que o medo de não ser suficiente é gigante, principalmente por ser a mais nova e talvez não ter a mesma credibilidade que outras pessoas teriam. Talvez porque não tenha uma história de vida ainda, de perda ou muitos ganhos. Tenho minha infância, sei que tive muita evolução a partir dela, principalmente com minha mãe: diante de tantas brigas e lágrimas, hoje somos o que somos juntas, nem perto de perfeitas, mas juntas.

Meus pais sempre foram de me incentivar a estudar, mesmo que não ficassem no meu pé, estavam sempre dispostos a fazer o que fosse para que eu conseguisse aprender. Minha mãe sempre deixou bem claro: quem faz meu destino sou eu. Não posso deixar que a vontade dos outros caia por cima das minhas. Meu pai sempre foi do tipo que pega na mão para fazer. Quando eu era criança não gostava, porque ele passava horas explicando; hoje vejo que tive sorte.

Vejo que, em toda ação, ocorre uma reação, seja positiva ou negativa. Os nossos comportamentos diante das dificuldades e felicidades mostram ao externo quem nós somos. Os nossos medos, sonhos e conhecimentos são extremamente importantes na construção de uma personalidade. Tudo gera um resultado, seja por grandes ou pequenas ações, são frutos da vida, o que plantamos, nós colhemos. A terapia me ajudou a entender isso, como é importante se entender e, principalmente, considerar nossos momentos de emoção. Chorar não é um sinal de fraqueza, é como uma válvula de escape, para quando não conseguimos nos expressar.

O ócio criativo é necessário, aquele momento que paramos para refletir sobre nossas atitudes diárias e como elas afetam o meio, ou como as atitudes de alguém nos afetaram, como deixamos outras pessoas influenciarem nossas vidas. Buscar algo novo é assustador, mas quando o primeiro passo é dado, fica mais fácil. Costumo pensar que, se me foi entregue o desafio, é porque consigo resolvê-lo. Então, agarre todas as oportunidades e pense no bem-estar, mas arriscar não é para ser algo ruim, entenda como algo transformador.

Já parou para pensar quantas oportunidades não perdeu ou ganhou em sua vida? Pensei muito nisso após assistir ao filme *Efeito Borboleta*. Talvez, pela oportunidade que a Kelly me entregou, descubrir meu eu, uma nova paixão. Tudo é transformação, uma ação sempre gera resultado, a falta dela também.

Diante de tudo o que vivi, quero que aproveite o tempo com seus filhos, vá ao parque, tome sorvete, ensine e, principalmente, aprenda, porque vai chegar um momento que seu filho não será mais uma criança e tudo isso fará diferença na vida adulta dele. A atenção diante das ideias deles, os desenhos, os sonhos são as validações que precisam para continuar a ter coragem e sonhar. Inconscientemente, procuramos a validação de quem amamos. Seja presente, dê autonomia nas escolhas para que não sejam dependentes de vocês. Lembre: são seus filhos, a quem vão passar a sabedoria de vida, mas são seres individuais. Não deposite seus sonhos enterrados aos deles; em vez disso, abra espaço para que os deles sejam realizados.

Coragem é necessária para tudo na vida, arriscar em coisas novas e se descobrir é extremamente importante, assim como entender os outros. A evolução carrega o perdão, que precisa ser profundo e sincero em você. Ressignificar histórias é importante, a terapia é uma chave para isso, quando estamos dispostos. Não é fácil se conhecer, mas temos marcas a serem curadas, conhecimentos a serem aprendidos, personalidades que são perdidas com o tempo. Então, acima de tudo, saibam quem vocês são e ajudem seus parentes nesse autoconhecimento. A nova geração precisa saber que não está sozinha. Diante de tanta conexão, faltam diálogos reais; se isso precisa partir de alguém, que parta de você. Então, coragem e força!

13

TRILHANDO CAMINHOS
A HISTÓRIA POR TRÁS DA VIDA

Esta é parte da minha história, a história de Pâmela Rocha, uma trajetória marcada por determinação e superação. Desde os primeiros passos, enfrentei desafios, transformando obstáculos em oportunidades. Com uma paixão pela vida, cada escolha e experiência moldaram um caminho único, revelando uma narrativa de crescimento pessoal e conquistas. "Trilhando caminhos" é um relato inspirador de como encontrei significado em cada curva da vida, construindo um legado de resiliência e realizações.

PÂMELA ROCHA

Pâmela Rocha

Eu me considero uma dedicada professora e apaixonada geógrafa, com 14 anos de experiência no ensino. Casada e mãe de três filhos, procuro equilibrar, com maestria, minha vida familiar e profissional. Além das minhas graduações, sou detentora de um MBA em Agronegócios pela renomada USP. Atualmente, estou imersa em minha busca constante pelo conhecimento, possuo especializações em geografia e história, psicopedagogia institucional e clínica, e estou cursando especialização em Neurociência, Psicologia Positiva e *Mindfulness* pela PUC. Meu compromisso com a educação e meu interesse multifacetado refletem-se em uma jornada enriquecedora e inspiradora.

Contatos
pamela.merege@gmail.com
Instagram: @Pamela___Rocha
Facebook: Pamela Rocha

amela Carmo da Rocha, nascida, criada e residente no interior de São Paulo. Há dezesseis anos, tomei uma das decisões mais importantes da minha vida: me casar. Ao longo desses anos, construímos uma família incrível, com três filhos que são a luz dos nossos dias. Ser mãe tem sido a maior alegria da minha vida.

Profissão é outra parte fundamental de quem sou. Há 14 anos, escolhi a carreira de professora e, desde então, tenho tido a oportunidade de moldar mentes jovens e adultas. Atualmente, divido meu tempo entre a rede pública e a particular de ensino, buscando proporcionar a melhor educação possível para meus alunos. É desafiador, mas extremamente gratificante. Pelos anos de casamento, da maternidade e do ensino, tenho aprendido lições valiosas sobre o amor, a paciência e a importância da educação. Cada dia é uma jornada emocionante e estou grata por todas as experiências que a vida me proporcionou até agora.

Nasci em um lar no qual a dedicação ao ensino sempre foi extremamente cobrada, desde os primeiros anos de vida. Filha de uma costureira talentosa e um metalúrgico habilidoso, irmã da Flávia (Grazi) e da Marcelli (eterna irmãzinha), os quais amo tanto, ou seja, cresci imersa na típica atmosfera da tradicional família brasileira.

Nesse contexto, o início da minha vida confirma o que os estudos de Nogueira (1998) descrevem sobre o papel específico que a família ainda mantém no contexto social, mostrando que continua a desempenhar papel central no desenvolvimento de seus membros ao longo das diferentes etapas da vida. Embora tenham ocorrido mudanças na intensidade com que essas funções familiares são exercidas na sociedade contemporânea, sou o exemplo de que a família ainda desempenha papel crucial na formação, apoio e sustento emocional dos indivíduos, destacando resiliência e adaptabilidade ao longo do tempo. Eu fui muito feliz.

Seguindo essa linha de raciocínio, falando da importância da estabilidade que um lar harmonioso pode proporcionar no desenvolvimento do ser humano, chego numa fase bem difícil e turbulenta da minha trajetória. Durante os primeiros anos, nossa estabilidade financeira permitia uma vida confortável, entretanto tudo mudou quando eu tinha apenas dez anos. Uma crise financeira se abateu sobre nossa família, fazendo que as coisas tomassem um rumo diferente.

Foi nesse momento que minha jornada tomou um novo caminho. Aos 12 anos, comecei a trabalhar para ajudar nas despesas da casa, e esse compromisso nunca mais me deixou. Mesmo com as responsabilidades que a vida adulta precoce me trouxe, encontrei tempo para me dedicar ao esporte. O vôlei, em particular, se tornou uma paixão. Representei, com orgulho, meu município na região, mostrando determinação e habilidade nas quadras. No entanto, para continuar trabalhando e estudando, precisei abrir mão desse sonho esportivo. Minha jornada até aqui foi marcada por desafios, mas também por uma inabalável determinação.

Com isso, digo que sou a prova viva de que uma família desestruturada é um contexto que pode ter impactos significativos na vida e no desenvolvimento de crianças e adolescentes. Minha casa, que era meu refúgio, se tornou meu pior pesadelo.

Enfim, quando os alicerces familiares estavam enfraquecidos, as consequências foram profundas e duradouras.

Em primeiro lugar, a falta de uma estrutura familiar sólida pode afetar a segurança emocional da criança, e isso me afetou; foram muitas noites em claro, lágrimas e lágrimas, por dias e dias. A instabilidade nas relações familiares e a falta de apoio emocional podem levar a sentimentos de ansiedade, insegurança e confusão. Isso pode se manifestar em problemas de autoestima, dificuldades no estabelecimento de relacionamentos saudáveis e até mesmo em problemas de saúde mental; era o esporte que sempre me salvava. Além disso, a ausência de uma estrutura familiar adequada pode resultar em lacunas na educação e na orientação moral. Nesse momento da minha vida, já aos 16 anos, meus professores foram minha referência, me incentivaram a seguir com os estudos e ingressar numa graduação.

Crianças e adolescentes precisam de modelos positivos e limites claros para desenvolver valores, ética e responsabilidade. A falta desses elementos pode levar a comportamentos de risco, envolvimento em atividades prejudiciais e queda no desempenho acadêmico. Eu estava sozinha e, ao mesmo tempo, tinha uma linda rede de apoio entre familiares, amigos e docentes que não me deixaram chegar ao fundo do poço. Além disso, os conflitos frequentes e tensões em uma família desestruturada podem criar um ambiente emocionalmente tóxico. Era isso, sentia que estava intoxicada, mas mantinha o foco nas lembranças da minha infância, para tentar entender os motivos de meus pais, para não me responsabilizar por nada do que havia acontecido na separação deles e em como tudo tinha virado de "ponta-cabeça".

Devido a tudo isso, aprendi, desde cedo, o valor do trabalho árduo e da perseverança. Hoje, olhando para trás, vejo como cada experiência moldou minha personalidade e me preparou para enfrentar o mundo com resiliência e determinação. O compromisso com o aprendizado e a busca por um futuro melhor continuam sendo as forças motrizes que me impulsionam adiante.

Falando da fase atual em que vivo, posso concluir que ser adulta e mãe é uma jornada repleta de desafios e responsabilidades, e um dos aspectos mais cruciais dessa jornada é manter a inteligência emocional em dia. A inteligência emocional, a habilidade de compreender e gerenciar nossas próprias emoções, desempenha papel fundamental na criação de um ambiente saudável para nossos filhos e, no meu caso, para meus alunos também.

Quando somos pais ou professores, nossa influência sobre as crianças e jovens é imensa. E muitas vezes nossas frustrações e experiências não resolvidas podem se manifestar em nossos comportamentos e interações. É por isso que é tão importante trabalhar constantemente a nossa própria inteligência emocional. Assim como disse Alice Domar e Carl Rogers,

> A inteligência emocional entre mães e filhos cria uma conexão profunda que vai além das palavras e molda o futuro com amor e compreensão. A empatia é a linguagem do coração, e as mães que ensinam essa linguagem a seus filhos estão lhes dando um presente inestimável.

Devemos reconhecer e validar nossas emoções. Todos nós temos frustrações, medos e preocupações do passado, e é perfeitamente normal sentir tudo isso. No entanto, é crucial não permitir que essas vivências não resolvidas influenciem negativamente nossos filhos e nossas crianças. Em vez disso, devemos encontrar maneiras saudáveis de lidar com esses sentimentos, seja por meio de terapia, meditação, exercícios ou outros métodos.

Além disso, a comunicação aberta e empática desempenha papel vital na manutenção da inteligência emocional e da saúde mental. Devemos estar dispostos a ouvir atentamente nossos filhos e alunos, compreender suas perspectivas e emoções, e ajudá-los a desenvolver as próprias habilidades emocionais. Isso não apenas os ajuda a lidar melhor com os próprios desafios emocionais, mas também demonstra um modelo positivo dessa tal inteligência emocional. Assim como Daniel Goleman (1995) fala, as mães que cultivam a inteligência emocional em seus filhos estão preparando o terreno para relacionamentos saudáveis e uma vida cheia de empatia e compreensão.

Em última análise nesse viés, digo que ser mãe e professora com inteligência emocional bem desenvolvida é um presente valioso que podemos dar às gerações futuras. Ao enfrentarmos nossas emoções e garantir que não se transformem em bagagem para nossos filhos e alunos, estamos capacitando-os a crescer e aprender em um ambiente emocionalmente saudável, preparando-os para um futuro mais equilibrado e feliz.

Nesse contexto, digo que a comunicação inteligente, aliada à psicologia positiva, desempenha papel fundamental nas interações com nossos filhos e alunos. Como mãe e professora, julgo possuir uma influência significativa em suas vidas, e utilizar essas abordagens pode criar um ambiente propício para o crescimento emocional e acadêmico.

A comunicação inteligente envolve não apenas falar, mas também ouvir com empatia e compreensão. Com meus filhos, isso significa estar presente quando eles compartilham preocupações, alegrias e desafios. Perguntar sobre seus sentimentos e ouvir atentamente ajuda a criar um ambiente no qual se sentem valorizados e compreendidos.

Com os alunos, a comunicação inteligente também é essencial. Isso inclui ser claro ao explicar os conceitos, estar aberto a perguntas e *feedback* e ajustar sua abordagem de ensino de acordo com as necessidades individuais de cada aluno. A empatia desempenha papel importante aqui, ajudando a entender as dificuldades e necessidades específicas de cada educando.

A psicologia positiva é outra ferramenta poderosa. Incentivar um ambiente positivo em casa e na sala de aula pode motivar meu público a alcançar seu potencial máximo. Celebrar as conquistas, mesmo as pequenas, e destacar forças e talentos individuais contribui para a construção de uma autoestima saudável.

Além disso, a psicologia positiva promove a resiliência. Ensinar seus filhos e alunos a lidarem com desafios de maneira construtiva, cultivar a gratidão e a mentalidade de crescimento pode ajudá-los a superar obstáculos e desenvolver uma mentalidade positiva, ou seja, lidarão com as frustrações de maneira mais assertiva e compreenderão que o "sim" e o "não" fazem parte do processo.

Em resumo, ao incorporar a comunicação inteligente e a psicologia positiva nas interações com seus filhos e alunos, você está criando um ambiente em que o crescimento emocional e acadêmico é incentivado. Isso não apenas fortalece seus relacionamentos, mas também prepara o terreno para um desenvolvimento saudável e bem-sucedido ao longo da vida. Vale lembrar que a inteligência emocional não é apenas sobre ensinar, mas também sobre praticar. Como dito, mães que demonstram empatia, compreensão e capacidade de lidar com as próprias emoções estão dando a seus filhos um modelo valioso a seguir.

Por fim, ressalto que, como mãe e professora, tenho o privilégio singular de não apenas transmitir conhecimento a meus filhos e alunos, mas também de participar ativamente de suas vidas. Essa experiência extraordinária me proporciona a oportunidade de testemunhar o crescimento e o desenvolvimento deles de maneira única. E o que torna essa jornada verdadeiramente especial são as diversas formas de amor que me oferecem em troca. Seja um abraço apertado, um sorriso sincero ou mesmo aqueles pequenos gestos de carinho. Cada demonstração de afeto deles é incrivelmente gratificante e bela.

Sinto-me profundamente grata por essa dualidade de papéis que desempenho, pois me permite não apenas compartilhar meu conhecimento, mas também sentir-me amada tanto no âmbito pessoal quanto no profissional. Essa interação constante com meus filhos e alunos é um lembrete do poder do amor e da educação em moldar vidas e construir um futuro melhor.

Concluindo, a jornada dos professores e, principalmente, dos pais e mães na busca pela inteligência emocional, comunicação inteligente e pela aplicação da psicologia positiva é uma valiosa e desafiadora aventura. É uma jornada repleta de dilemas, aprendizados e, acima de tudo, amor incondicional. Lembre-se de que cada obstáculo superado e cada sucesso alcançado não só beneficia pais e mães, mas também molda positivamente o ambiente em que os filhos crescem. Nessa jornada, a empatia, o diálogo aberto e a busca constante pelo autoaperfeiçoamento são os melhores guias.

Celebre cada pequena vitória, pois são as pedras fundamentais de uma família emocionalmente saudável e feliz. Que o carinho, a dedicação e o amor estejam sempre presentes, fortalecendo os laços familiares e criando um ambiente em que todos possam crescer e florescer juntos.

Referências

CURY, A. *Pais inteligentes formam sucessores, não herdeiros: como ensinar nossos filhos a serem empreendedores, ousados e líderes para construírem seu legado.* São Paulo: Benvirá, 2014.

GOLEMAN, D. *Inteligência emocional: a teoria revolucionária que redefine o que é ser inteligente*. São Paulo: Objetiva, 1995.

NOGUEIRA, M. A. Relação família-escola: novo objeto na sociologia da educação. *Paideia: Cadernos de Psicologia e Educação, 8* (14/15), 91-104. 2018.

POLITO, R. *Como falar corretamente e convencer alguém em 90 segundos*. São Paulo: Benvirá, 2016.

VICTORIA, F. *O tempo da felicidade: um sabático para repensar a vida, priorizar seus objetivos e se renovar*. Rio de Janeiro: HarperCollins Brasil, 2020.

POSFÁCIO

Após a leitura inspiradora, que acabou de fazer, das histórias incríveis aqui relatadas, gostaria de conduzir você a uma reflexão importante e espero contribuir em sua vida logo após virar a última página desta obra.

Na jornada da vida, algumas certezas que temos normalmente são as de menor previsibilidade, seja por despreparo, orientação, por ter crescido em um lar disfuncional, por falta de fé ou porque simplesmente faz parte da nossa jornada. Quem nunca ouviu que a única certeza que temos é a mudança?

Somos desafiados todos os dias a estarmos preparados para o que talvez seja a oportunidade da vida, que pode surgir a qualquer minuto, mesmo que seja ter pronto na manga o famoso *pitch elevator*! Pois dizem que, quando a tal oportunidade passar por nós, não podemos perdê-la, pois é única. Principalmente em um mundo em que a competição e os concorrentes não serão benevolentes com a nossa distração e falta de foco.

Se não bastasse nossa identidade fragilizada por uma necessidade de aprovação – quem sabe pela falta de amor fundamental – e, com certeza, pela não ativação, vive-se em constante comparação. Mesmo sendo esse um estado interno de sofrimento, nem sempre é possível deixá-lo de lado. Seja resiliente, tenha inteligência emocional, pense positivo; sem fé, é impossível agradar a Deus e, sem Ele, não será possível trazer à existência a visualização e a mentalização. Não deixe faltar longanimidade, muito menos o domínio próprio; tenha paciência e uma mentalidade forte. Ufa! Quantos atributos do espírito e da nossa alma são necessários serem treinados e evoluídos para vencermos o que nos espera a cada nascer do Sol. E aí, eu pergunto: como você está se sentindo agora?

Bom, tenho a certeza de que, se tivesse lido estes parágrafos antes da leitura deste livro, sua resposta seria diferente do que veio em sua mente agora. Pois, com certeza, você já foi transformado com as histórias singulares que nele estão contidas.

Mas é importante que você não termine este livro incrível sem olhar para dentro de si e tomar consciência sobre como tem vivido sua jornada e, principalmente, saber qual decisão tomará aapós ler esta obra. Saiba que, por pior que seja a situação e o ambiente, é você quem decida, dentro de você, o que pode ou não afetá-lo(a). Essa liberdade vem da paz que excede todo o entendimento e do pleno conhecimento e ativação da sua identidade. Você viu que a singularidade de cada coautor foi um grande motivo para que não desistissem, mas, sim, decidir pela mudança e pela transformação. Tenho a certeza de que você quer o mesmo para a sua vida, certo?

Lembre-se: aquilo que você tolera não tem mudança. Então, até quando continuará tolerando? Se necessário for, mude o ambiente. Seja vulnerável! Enfrente a incerteza, a exposição e os riscos emocionais, sabendo que é suficiente! Você é único(a)! Você também é singular!

Não fique relembrando o que aconteceu no passado. Isso não é nada comparado ao que o espera, ao que Deus tem para fazer em sua vida, algo completamente novo (Isaías 43:18).

Além do que todos os Singulares deixaram de legado em cada capítulo deste livro, gostaria de deixar alguns conselhos que carrego de minha jornada pessoal: tenha claro seu objetivo, aonde quer chegar; Se possível, mergulhe no autoconhecimento; tenha a certeza de que suas metas estejam alinhadas com seus valores e propósito de vida. Além disso, é importante sempre dar o seu melhor, seja *over delivery*, por você, por sua família, pela companhia em que trabalha, pelo seu negócio.

Assim, seu crescimento será natural. Aprenda a todo momento, leve os outros com você, multiplicando seu conhecimento em vez de retê-lo. "Deixe o rio fluir" e alcançar outras pessoas. Mantenha-se atualizado(a) quanto às inovações e esteja conectado(a) com as pessoas que contribuirão para seu crescimento. Por fim, não se conforme. Transforme-se! Pela renovação da sua mente (Romanos 12:2).

Agora, vire a última página e comece sua transformação!

Anderson Pinheiro